家康に天下を獲らせた男 最上義光

松尾剛次
Kenji Matsuo

柏書房

はじめに

命があるうちに、いま一度最上の土を踏み、水を一杯飲みたいものだ。

この言葉は、文禄の役（一五九二〜九三）に際して、朝鮮渡海のために、肥前名護屋《なごや》城（佐賀県唐津市）に滞在中の最上義光《もがみよしあき》の言葉である。一見すると、第二次世界大戦時の出征兵士の言葉のようであるが、天下統一の勢いをもって、朝鮮・明《みん》をも支配下に置こうという野望に憑りつかれた豊臣秀吉の下で、朝鮮へ向かわされそうになっていた、義光の正直な気持ちが吐露されている言葉だ。戦国乱世の時代を生き抜いた最上義光のふるさとへの思いが凝縮されていて、心を動かされる。

ところで、最上義光は、しばしば「もがみよしみつ」と誤って読まれることが多いが、「もがみよしあき」と読むのが正しい。確かに人名の読み方ははっきりしないことが多いが、義光については、非常に幸いなことに、義光自身が書いた妹義姫《よしひめ》宛て仮名書状に「よしあき」と自署している（「伊達家文書」）ので、読み方がはっきりわかる稀な事例である。

近年は、戦国時代ブームとか城郭ブームとか呼ばれるように、戦国大名への関心は高い。それゆえ、本書で扱う最上義光の知名度も徐々に高まってきてはいる。しかしながら、従来、最上義光が過小に評価されてきたことは確かである。ことに、テレビの大河ドラマの影響によって狡《こう》猾《かつ》・残忍な武将のイメージすら定着している。

しかし義光は、江戸時代前期には五七万石もの石高を有し、伊達六二万石にほぼ匹敵する大大名であった。徳川・豊臣家を除けば五指に入る優勢さである。それゆえ、戦国大名研究の中へ、正当に評価し、位置づけ直す必要がある。

もっとも近年においては、ようやく義光研究も深化し、多くの研究が蓄積されるようになってきた、とは言える。本書では、そうした成果を踏まえて、最上義光を中心にしながら、その一族の実像にも肉薄したいが、とりわけ、ここで強調しておくべきことに以下の事実がある。最上義光やその息子の家親《いえちか》は、徳川家康と良好な関係にあったため、関ヶ原合戦や大坂の陣に際しての彼らと家康とのやり取りに関する史料群は、日本の全体史に関わる事件・事実を再考するための重要な史料群として評価できることだ。後述するように、家康は慶長五（一六〇〇）年の会津征伐から関ヶ原の戦いに至る情報を、極めてまめに最上義光へ伝えている。さらに、慶長一九（一六一四）年の大坂冬の陣において、豊臣秀頼《ひでより》謀反の決定的な証拠を伝えたのが、義光を継いだ第二代最上家当主家親であった。しかしながら、それらの事実は、これまで全く注目されていない。それゆえ、外様大名である最上家親が、大坂の陣に際して、なぜ江戸留守居役という重要な役を命じられたのか、その理由すら等閑に付されてきた。

このように、最上氏の研究から関ヶ原の戦いや大坂の陣も見直すことができるのである。言うなれば、本書において、日本の全体史における最上氏の位置や役割にも光を当てたいと考えている。

次に、最上義光を扱う際の、私の基本的立場、視点を述べておこう。例えば、NHK大河ドラマの『天地人』（二〇〇九年）で直江兼続《なおえかねつぐ》が注目され、「義」と「愛」の人として描かれたが、私は、直江兼続が「義」と「愛」の人であったか否かよりも、彼が、いかなる政治構想を持ち、何を実行できたのか、という点を重要視すべきだと考えている。

織田信長を例にとれば、比叡山延暦寺《ひえいざんえんりゃくじ》の焼き討ちや一向一揆《いっこういっき》の討伐戦争などでの残忍な仕打ち、あるいは森蘭丸《もりらんまる》との同性愛関係などに焦点を当てれば、目を背けたくなる人物と言える。しかし、そうした側面のみで信長を評価すべきではなく、彼が、中世という時代を終わらせ、近世という新しい時代のドアをこじ開けようとした政治的天才であった面をこそ、まず評価すべきであろう。彼がいなかったら戦国時代はもっと続き、より多くの人命が失われていたかもしれない。

そもそも中世の武将は、感情の起伏の激しい人が多く、頑強に抵抗する敵に対して残忍な殺し方をする人が多かったと言える。それゆえ、残忍でない戦国大名を探すほうが困難なのだ。「義」の武将と呼ばれる上杉謙信《うえすぎけんしん》ですら略奪を行っていた。直江兼続も、本書で引用した史料からもわかるように敵を撫《な》で切りにしていた。つまり、「平和」な現在の価値観で中世人を断罪するのは避けるべきなのである。ここでは、最上義光もそうした観点から見てゆく。

話を最上義光に戻すと、四〇年以上前に刊行された『山形市史』は、限られた史料から英雄史観ではなく等身大の義光に迫ろうとし、彼の残忍な面にも注目した感がある。しかし、本書では義光が良い人であったか否かは別として、彼が、いかなる政治構想を持った大名であり、いかなることをなしたのか、という点に着目しようとしている。義光は、現在の山形市の基本的な町づくりを行った。また、山形県の西部に位置する庄内平野の開拓の起点と言える北館《きただて》（北楯とも）大堰《おおぜき》を北館大学利長《だいがくとしなが》に造らせるなど、山形県の開発発展に大きな足跡を残したことは間違いない。元和八（一六二二）年の最上家改易後に庄内地方を引き継いだ酒井《さかい》家は、義光以来の支配体制を容認し、それを取り込んでいることから、庄内の支配体制の基礎は義光が樹立したといっても過言ではない。そのことは、庄内に残る数多くの最上義光文書の存在からも窺えることだ。

本書で扱う最上義光関係文書に関しては、『山形市史史料編1　最上氏関係史料』（山形市、一九七三年）、『山形県史古代・中世史料1、2』（山形県、一九七七年、一九七九年）が最も優れた史料集である。しかしながら、それらは三〇〜四〇年以上も前の編纂物であり、現在の水準からすれば大きな問題がないとは言えない。ことに、文書収集の面では不十分と言わざるを得ない。

例えば、『山形県史』が依拠した義光関係文書史料は一七〇点ほどに過ぎず、私が収集したものは四〇〇点ほどである。本書でも、改めて断らない限り、基本的に『山形市史史料編1　最上氏関係史料』、『山形県史古代・中世史料1、2』に依拠し、例えば「伊達家文書」といった表記に止めている。しかし、それらに採録されていない文書や新発見の文書も多数使用している。それらの出典については、拙稿「最上義光文書の古文書学　判物・印判状・書状」（『山形大学大学院社会文化システム研究科紀要』11、二〇一四年）を参照されたい。拙稿「最上義光文書の古文書学　判物・印判状・書状」以後に見出したものは、出典がわかるようにしている。

また、本書においては、長文の手紙などは現代語訳して引用し、短いものは読み下し文のあとの本文で内容がわかるようにした。また、新発見の文書を使う場合は、写真と翻刻文と訳文を付けている。

ところで、従来の研究では、上杉氏や伊達氏側の史料のほうを多く使って研究がなされてきた面は否めない。本書では、最新の最上氏研究の成果を使い、上杉氏や伊達氏側の史料を相対視することで、最上義光の実像を明らかにしたい。

特に強調しておきたいことに、最上氏と上杉氏と伊達氏は、お互いにライバル関係にあった点がある。実際、しばしば合戦を行っていた。私は長崎県の出身であるが、山形に来て、上杉氏の根拠地であった米沢《よねざわ》と最上氏の根拠地であった山形との微妙な意識の違いには驚かされたものだ。例えば、山形県を貫流する母なる大河最上川は、米沢地区では松川と呼ばれる。それは、最上という名称を嫌ったからだという。私のような「よそ者」は違和感を覚えざるを得なかった。

とりわけ、本書で述べるように、最上家改易後の元禄一六（一七〇三）年に編纂された伊達藩の正史『伊達氏治家記録《だてしちけきろく》』によれば、最上家から輿入れした伊達政宗《まさむね》の母義姫が、義光にそそのかされ、溺愛する次男小次郎《こじろう》に家督を継がせようとして、長男の政宗を毒殺しようとし、失敗して山形へ逃げ帰った、という。しかしそれは、現在の研究では明らかな捏造事件とされている。

それゆえ、上杉氏や伊達氏側の最上氏に関する史料は、厳格な史料批判を行う必要がある。先述のように、私は長崎県という九州の出身者であり、奥羽大名のいずれにも肩入れする気はないが、戦国大名最上義光を客観的な視点から奥羽大名の中に位置づける必要性は大いに感じている。

さらに、『最上記《もがみき》』や『羽源記《うげんき》』など江戸時代に作成された後世の物語史料、「系図」なども、史料批判をしながら、できる限り使用している。それは、できる限り史（資）料を活かして、最上義光像に迫りたいからに過ぎない。歴史学者には、危ない史（資）料は全く使わないというタイプの人もいるが、私は、あえて偽文書すらも史料批判を行って使用する。というのは、例えば、ある偽札が流通していたとすれば、真札はそれとよく似ていたはずであり、真札がどのようなものであったかを知る上では偽札も重要な史料となる、と考えるからだ。

以上、前口上はこれくらいにして、いよいよ本論へ入ろう。

第二章　義光——羽州探題の再興を目指して　49

第三章　初代山形藩主への道　101

第四章　義光のその後を追う　171

奥羽の群雄
永禄13(1570)年頃

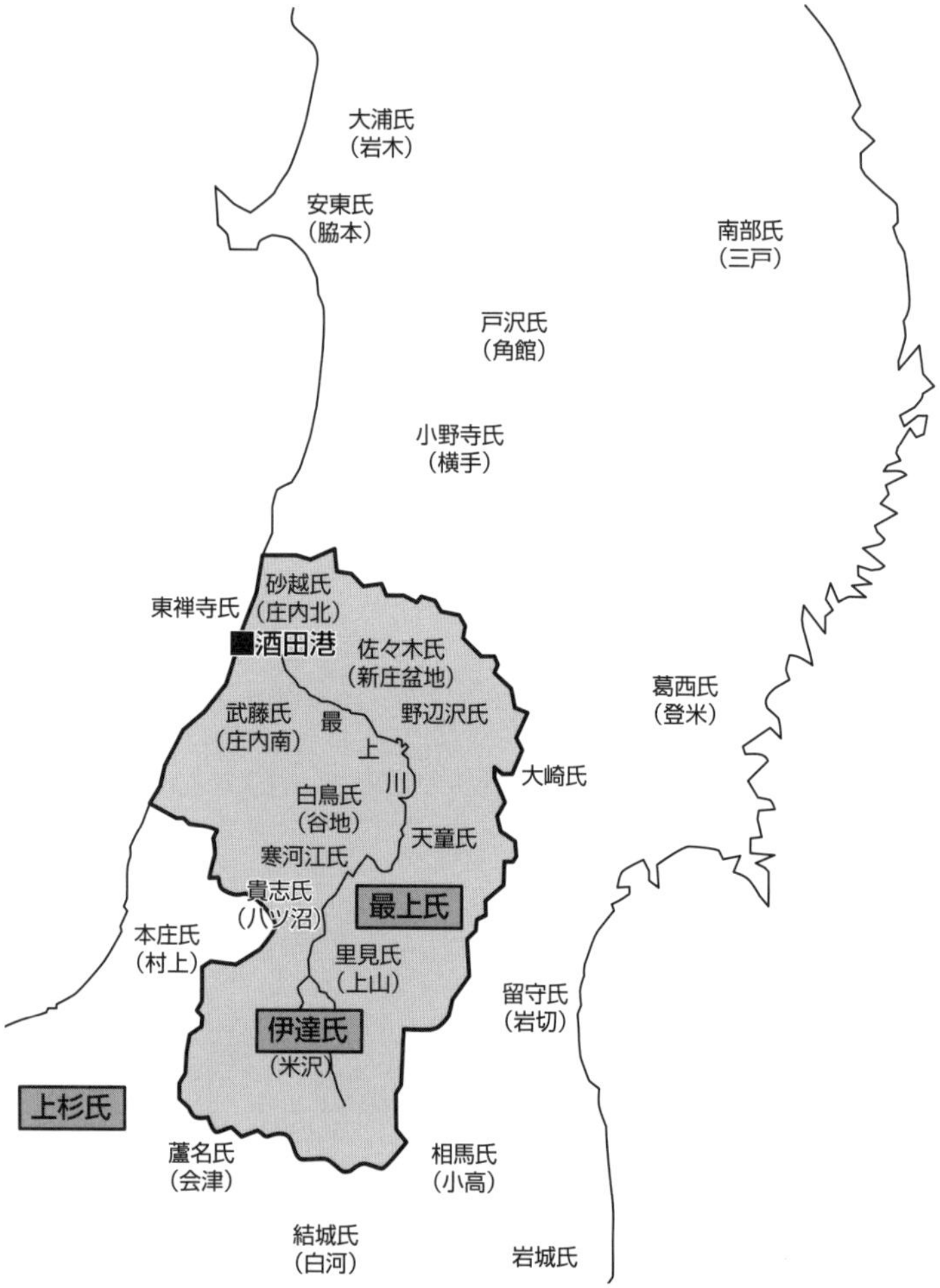

第一章

義光——幼少から家督を継ぐまで

最上義光は、戦国時代から江戸時代初頭にかけての、出羽の戦国大名である。最上氏第一一代当主にして、山形藩初代藩主であり、伊達政宗《だてまさむね》の伯父として知られている。義光は、義守《よしもり》を父として、天文一五（一五四六）年正月一日に生まれたとされ、慶長一九（一六一四）年正月一八日に、六九歳で死去した。

義光の波乱万丈の人生は、一言では表現できないが、ここではひとまず、義光の人生を三つの時期に区切りたいと思う。

すなわち、

①幼少から永禄一三（一五七〇）年に二五歳で、父義守から家督を継いで当主となるまで

②家督を継いで以後、慶長五（一六〇〇）年の長谷堂《はせどう》城の戦いまで

③慶長五年以後

の三時期である。

言うまでもないことだが、父義守の跡を受けて最上家当主として活躍し出す以前と以後とでは、大きな相違がある。すなわち、①の時期は、いわば父である山形城主義守の嫡男としての修行時代と言える。

次に、②と③を分かつのは慶長五（一六〇〇）年だが、同年の長谷堂の戦いにおける勝利以後、徳川家康によって、慶長六（一六〇一）年には庄内・由利《ゆり》（秋田県南部）までも領有を認められ、五七万石（実高一〇〇万石）の山形藩の初代となる。それゆえ、その年は一大画期であったと評価できる。

すなわち、②の時期は最上氏の家督として、支配を村山・庄内・秋田へ展開してゆく時期であり、③の時期は、江戸幕府体制下に五七万石の山形藩主として支配を固めていった時期である。

以下、これらの三区分を念頭に置きつつ、最上義光の人生を見ていこう。

なお、保角里志氏の研究（保角里志、二〇一二）などによれば、義光が最上義光と名乗るのは慶長六（一六〇一）年以後で、それ以前は例外があるにせよ、「山形義光」と称するのを通例としていたとされる。確かに示唆に富む指摘である。しかし、本書では、ひとまず世間に流布している最上義光の呼称を使うことにする。この山形義光か最上義光かについては重要なので、それに関する私見は後述する。

第一節　最上一族とは

最上義光は、天文一五（一五四六）年正月一日に、義守を父として誕生したという。天文一五年生まれと言えば、福岡藩祖黒田官兵衛《くろだかんべえ》（如水《じょすい》）もその一人である。

義光は斯波兼頼《しばかねより》（一三一五?～七九）から一一代目、すなわち最上氏第一二代とされる。系図によっては第八代とするなど、異説があるにせよ、いずれの系図も斯波兼頼が最上氏の祖とされる。

斯波氏は、清和源氏《せいわげんじ》の一族で、鎌倉中期の武士である足利家氏《あしかがいえうじ》が陸奥国斯波郡（岩手県盛岡市一帯）を所有し、斯波氏を称したのに始まる。家氏の曾孫の斯波高経《たかつね》（一三〇五～六七）の代には、足利尊氏《たかうじ》の室町幕府樹立に大いに協力し、以後、斯波一族は栄えた。斯波氏は室町幕府内で将軍補佐の任にあたる管領《かんれい》を出す家柄の一つとなった。

斯波高経の弟家兼《いえかね》（一三〇八～五六）も、草創期の室町幕府において奮戦し、若狭国守護、越前国守護などを歴任した。その後、奥州管領（のちの奥州探題《たんだい》）として中新田《なかにいだ》（宮城県加美郡）を拠点に、奥州地方の北朝方の戦いを優勢に進めた。家兼の長男直持《ただもち》が奥州管領を継承し、大崎《おおさき》氏の祖となった。他方、家兼の次男兼頼が羽州探題を継承し、最上氏の祖となった。このように、大崎氏と最上氏とは斯波家兼の息子の兄弟の流れであったことに注意を喚起しておきたい。伊達《だて》氏が台頭するまでは、大崎氏と最上氏が奥羽を代表する両雄で、かつ同族であった。この点は大変重要で、義光はいわば軍事貴族の出身であったのだ。義光の文化的な素養の高さもそうした出自に由来していると言えよう。

斯波兼頼は、延文元（一三五六）年に山形へ「按察使《あぜち》」として入部したとされる。「按察使」は納言《なごん》以上の地位の人物が任命される役職であり、兼頼が「按察使」として入部したか確かではない。ただ、北畠顕家《きたばたけあきいえ》らの奮戦などによって、比較的優勢であった南朝勢力を打倒する軍事司令官的な立場として出羽へ入部していたのは確かであろう。

山形市岩波の石行寺《しゃくぎょうじ》には、『大般若経』全六〇〇巻の内一一四巻が残っている。それらは、文和二（一三五三）年から永和元（一三七五）年までの二三年間にわたって書写されたものである。ことに『大般若経』第一〇〇巻の奥書には、一三五四年を北朝年号（文和三年）と南朝年号（正平九年）の二つの年号で表記し、「国々両方合戦絶えず、飢渇するなり」と記している。出羽国においても、南北朝の対立は続き、民衆は飢えに苦しんでいたのである。寒河江《さがえ》（山形県寒河江市）の大江《おおえ》氏などは南朝方として優勢に戦っていた。いわば、現在のシリア内戦のような地獄絵が展開していたのである。

とりわけ注目されるのは、兼頼が延文元（一三五六）年以前から奥羽の地で北朝勢力の拡大のために努力していた点である。暦応二（一三三九）年三月二〇日付け「氏家十郎入道注進状案」（「相馬家文書」）によれば、相馬《そうま》松鶴丸の軍忠を室町幕府奉行所に注進する際、「正員である式部大夫兼頼が年少なので氏家道誠《うじいえ》が加判した」としている。すなわち、兼頼は、奥州地域で氏家道誠の補佐を受けながら北朝方の司令官として戦っていた。この氏家道誠こそは、最上義光時代に義光を補佐した氏家守棟《うじいえもりむね》らの先祖で、最上当主とそれを補佐する氏家氏という関係は兼頼以来のことであった。

ところで、「光明寺本最上系図」（一六四八年成立）によれば、斯波兼頼は康暦元（一三七九）年に六三歳で亡くなったという。兼頼が延文元年に出羽へ入部したとすれば、その時は四一歳であったことになる。また、先の暦応二（一三三九）年三月二〇日の頃は二三歳ということになり、「年少なので氏家道誠が加判した」とは考えがたい。当時は一三歳前後で一人前であったからだ。「年少なので氏家道誠が加判した」という記事は第一次史料に基づいており、信頼できるので、その頃が一〇歳くらいであったとすれば、斯波兼頼が康暦元年において六三歳であったというのは間違いであり、おそらく五二、三歳であろう。

兼頼は、貞治三（一三六四）年八月一〇日には、恩賞として倉持《くらもち》兵庫助入道に対して「出羽国山辺庄塔見三分壱」を預け置いている（「倉持文書」）。この頃には、出羽管領（探題）として活動していたことがほぼ確認できる。

兼頼以後の事績については、系図の記事によってわかる程度である。兼頼の跡を継いだのは、嫡男の直家《なおいえ》である。「宝幢寺本最上系図」によれば、直家については「右京大夫、応永七年庚辰正月六日逝去、金勝寺殿潭光大居士、山家村金勝寺開基、兼頼ノ長男」とある。

それにより、直家は、①右京大夫を極官《きょっかん》とし、②応永七（一四〇〇）年正月六日に死去し、戒名が金勝寺殿潭光大居士であったこと、③山家《やんべ》村金勝寺《こんしょうじ》開基であったこと、などがわかる。

右京大夫というのは、平安京の行政を担当した京職《きょうしき》の長官で、正五位上相当官であった。京職には左・右の京職があり、左京大夫と右京大夫が存在した。左京大夫のほうが格は高かった。注目されるのは、奥州探題を受け継いだ大崎氏が左京大夫を継承していた点である。他方、羽州探題を継承した最上氏が、ほぼ右京大夫に任じられている。

「宝幢寺本最上系図」では、応永七（一四〇〇）年正月六日に死去したとする。しかし、ほかの系図、例えば『寛政重修諸家譜《かんせいちょうしゅうしょかふ》』の「最上系図」では応永一七（一四一〇）年正月六日に死去したという。死亡年だけを異にするので、いずれかが間違いであろうが、ひとまず「宝幢寺本最上系図」に従う。また、『寛政重修諸家譜』の「最上系図」によれば、直家の室が伊達宗《むね》遠《とお》の娘とする。伊達氏と姻戚関係にあったことがわかり注目される。

直家の跡を継いだのは満直《みつなお》である。『寛政重修諸家譜』の「最上系図」によれば、修理大夫が極官で、応永三一（一四二四）年八月三日に死去したという。法祥寺念叟観公《ほうしょうじねんそうかんこう》と号した。

満直の嫡男は満家《みついえ》である。『寛政重修諸家譜』の「最上系図」によれば、満直と同じく修理大夫が極官で、嘉吉三（一四四三）年五月二九日に死去し、禅会寺虎山威公《ぜんえじこざんいこう》と号した。

満家の継嗣は義春《よしはる》である。『寛政重修諸家譜』の「最上系図」によれば、左馬助、右京大夫、修理大夫に任じられたという。文明六（一四七四）年二月二一日に死去し、天真源公龍門寺と号した。義春に関して注目されるのは、名前に「義」という将軍の諱《いみな》を一字貰っている点である。

以後、足利将軍から「義」の一字を拝領することが慣行となった。後述するように、最上義守は永禄四（一五六一）年には馬を献じ、永禄六（一五六三）年六月一四日には息子義光と共に京都へのぼり、第一三代将軍足利義輝《よしてる》に拝謁し、馬と太刀を献じている。それは、義光に将軍の「義」の一字を拝領したことへのお礼を兼ねてのことであったが、義春も同様のことを行ったであろう。

ところで、最上氏は足利氏の庶流であったが、義春以後は、通字の「義」を頂く直臣《じきしん》に位置づけられたと言えよう。

義春の次の当主は義秋《よしあき》である。『寛政重修諸家譜』の「最上系図」によれば、義春の実弟で、右京大夫を極官とした。文明一二（一四八〇）年七月一四日に死去し、法名は隣江院松岩芳公。

義秋の跡を継いだのは満氏《みつうじ》である。『寛政重修諸家譜』の「最上系図」によれば、治部大夫を極官とし、明応三（一四九四）年七月一四日に死去した。国盛寺月峰光公と号し、国盛寺に葬られた。注目されるのは、中野満基《なかのみつもと》の子であったという。現在の山形市北西部の中野を治める中野氏から最上家当主となったのである。満氏が「義」の通字を持たないのは、成人してから最上家に入ったからであろうか。

満氏の跡を継いだのは義淳《よしあつ》である。義淳は左衛門佐を極官とし、永正元（一五〇四）年九月九日に死去した。龍壮寺天鏡春公と号し、龍壮寺に葬られた。

義淳の継嗣は義定《よしさだ》である。『寛政重修諸家譜』の「最上系図」によれば、修理大夫を極官とし、永正一七（一五二〇）年二月二日に死去した。雲勝寺惟翁勝公と号し、雲勝寺に葬られた。正妻は伊達稙宗《たねむね》の妹と考えられている。

義定の跡を継いだのが、義光の父義守であった。義守については、少し詳しく見ていこう。

第二節　系図を読み解く

ここで、従来、最上義光とその家族を論じる際に使用されてきた系図について整理しておきたい。

最上氏に関する系図で現存するものについては『山形市史』で九本が紹介されている。それら最上系図は、大きく二つに区分できる。すなわち、江戸幕府に提出された系図、および最上家ゆかりの寺院で作成されたものの二つである。

まず、江戸幕府に提出された（その準備のために作成された）系図に関しては三つある。すなわち、『寛永諸家系図伝』所収の「最上系図」と『寛政重修諸家譜』所収の「最上系図」、および『寛政重修諸家譜』提出に際して作成された「最上系図」の原本と言える東京大学史料編纂所所蔵影写本の「最上家譜」の三つである。

最上氏系図

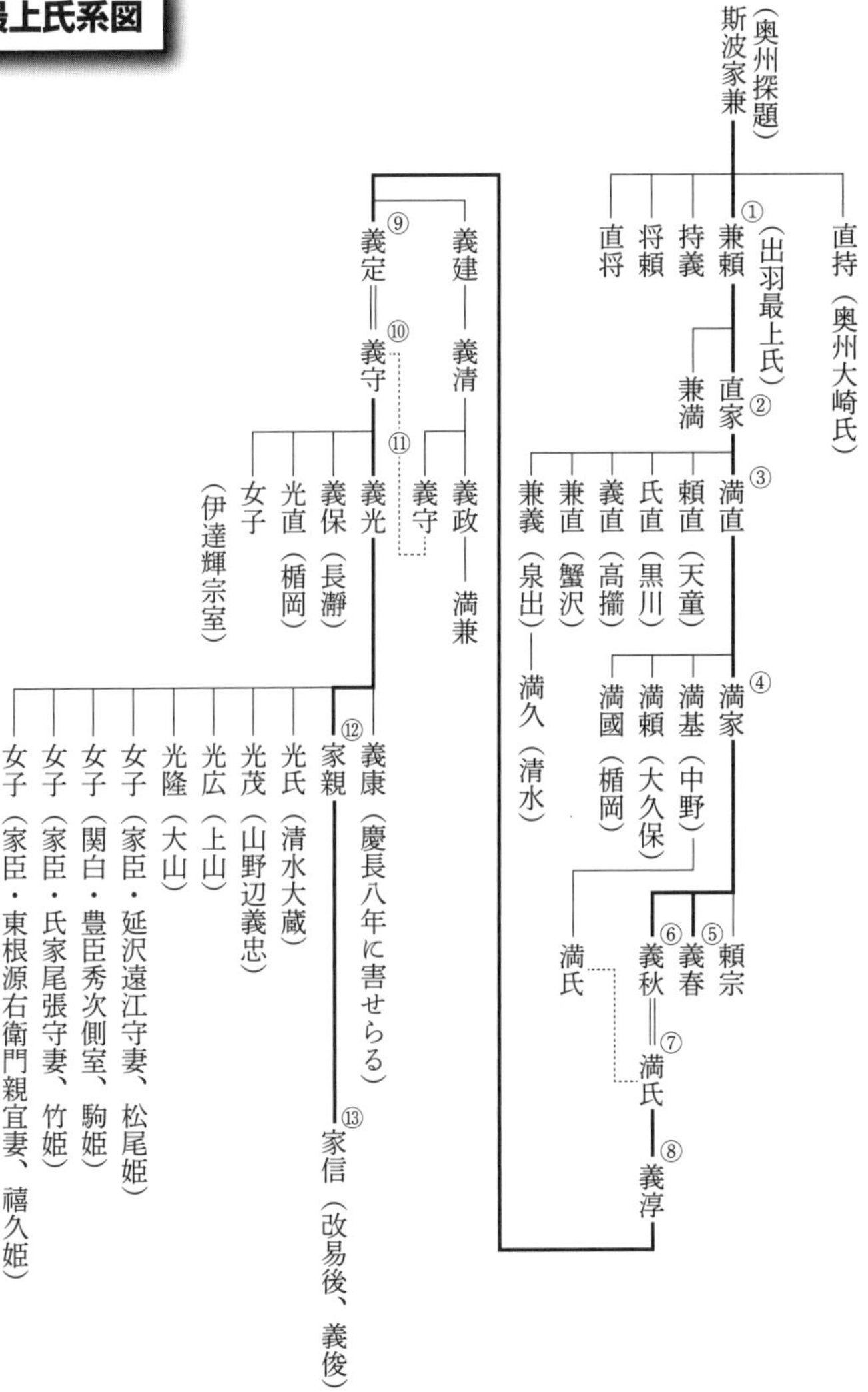

（『寛政重修諸家譜』を主とし、諸本を参考にした。＝は養嗣子）

『寛永諸家系図伝』は、寛永一八（一六四一）年に幕命によって大名・旗本に提出させた系図集である。幕府も、その頃には安定期に入り、家臣団の把握をしようとしたのであろう。しかし、『寛永諸家系図伝』の「最上系図」は簡略である。

他方、『寛政重修諸家譜』は、江戸幕府によって寛政年間（一七八九〜一八〇一）に編集された系譜集で、文化九（一八一二）年に完成したものである。もともとは、『寛永諸家系図伝』の続編を作成しようと計画されたが、途中から『寛永諸家系図伝』の改訂編集に切り替えられた。それゆえか、『寛政重修諸家譜』の「最上系図」は『寛永諸家系図伝』の「最上系図」よりも詳しい。

東京大学史料編纂所所蔵影写本の「最上家譜」は『寛政重修諸家譜』用に作成されたと考えられている。以下、「最上家譜」と略称する場合は本家譜のことを意味する。

いずれも江戸幕府の要請で作成されており、徳川家康、徳川秀忠《ひでただ》ほか、江戸幕府との関係を重視した系図である。

もう一方は、「光明寺本系図1」（一六四八年成立）、「光明寺本系図2」（一七四六年成立）、「宝幢寺本系図」（一八一一年成立）、「常念寺本系図」（一七六〇年成立）、「最上・天童・東根氏系譜（菊地蛮岳旧蔵）」（高野山北室院旧蔵ヵ、『寛永諸家系図伝』より古い）、「宗円寺本最上家譜」（菊地蛮岳旧蔵、一九〇一年成立）で、宝幢寺、光明寺、常念寺、高野山北室院といった山形市内の最上家ゆかりの寺院と、菩提寺であった高野山北室院（ヵ）が作成したものである。最上氏の家族に関しては詳しい。

とりわけ、「宝幢寺本系図」「最上・天童・東根氏系譜（菊地蛮岳旧蔵）」の「最上系図」には、義光の妻に関する記述もあり、興味深い。

宝幢寺は、新義真言宗摩訶迦羅山（大黒山）宝珠院宝幢寺といい、現在の山形市内もみじ公園のあたりに所在した寺院である。天平三（七三一）年に行基《ぎょうき》が創建したという瑜伽《ゆかじ》寺の塔頭宝珠院を、延文元（一三五六）年、斯波兼頼《しばかねより》が山形入部後に、京都醍醐《だいご》寺の道助大僧都を招き、山形城の辰巳（南東）に移して宝幢寺としたという。以後、最上氏と密接な関係を有した。とりわけ義光の代には、天童《てんどう》城攻撃に際して宝幢寺僧が団結して祈禱したことにより、新たに寺領一〇七〇石を給付されたという。のちに、明治時代の廃仏毀釈《はいぶつきしゃく》によって廃寺となった。

また、光明寺は、山形城主最上氏の始祖斯波兼頼が、他阿元愚《がんぐ》に帰依して時宗信者となり、隠居・剃髪して、永和二（一三七六）年三月、山形城内に建立して居住したと伝えられる。斯波兼頼の跡を継いで山形城主となった直家《なおいえ》が、応永七（一四〇〇）年に引退し、城内にあった兼頼の庵を隠居所として「遍照山光明寺」と名づけて、寺院にしたという。最上一族から住職が入り、其阿《ごあ》と名乗った。最上義光は天正一九（一五九一）年に其阿俊山を住職とした。文禄三（一五九四）年五月には、本丸または二の丸から二の丸東大手門前の北側に移したが、最上氏改易後に山形へ入部した鳥居忠政《とりいただまさ》によって、三の丸外の現在地に移建された。出羽国の時宗寺院の触頭として五〇箇寺を支配したが、その寺領は一七六〇石で、全国の時宗寺院内では最大の寺領を誇った。最上氏とは密接かつ破格の待遇を受けた寺院である。

以上の分析から、江戸幕府との関係については『寛政重修諸家譜』の「最上系図」や東京大学史料編纂所所蔵影写本の「最上家譜」が有益であり、義光などの家族については宝幢寺、光明寺といった最上氏ゆかりの在地寺院作成の家譜の記事に、より重きを置きたい。

第三節　義光の父義守

最上義守（一五二一〜九〇）は、斯波兼頼《しばかねより》から一〇代目、すなわち最上氏第一一代で、義定《よしさだ》の子とされる。しかし、注目されるのは、「最上家譜」によれば、傍線部からもわかるように、中野義清《なかのよしきよ》（義定《よしさだ》の弟義建《よしたつ》の子）の二男とされている点だ。

義守　出羽守、右京大夫、実は中野義清の二男、龍門寺に葬す、天正十八庚辰五ノ廿七に卒す、龍門寺羽典栄林公と号す、七十歳

（傍線筆者。以下同じ）

この義守が中野義清の子とする説は、先述した二種類の「光明寺本最上系図」にも書かれている。それゆえ、ほぼ信頼できよう。

義定は、永正一七（一五二〇）年三月四日（死亡月日は系図によって異同がある）に、跡継ぎがいなくて亡くなったようで、義守が義定の弟義建《よしたつ》の子義清《よしきよ》の二男から最上家当主となった。すでに、曾祖父の満氏《みつうじ》が中野氏から入っており、その例に従ったのであろう。

「最上家譜」によれば、義守は、出羽守、右京大夫に任じられ、天正一八（一五九〇）年五月二七日（系図によって死亡日を五月一七日、二〇日とするなど、一致していない）に七〇歳で亡くなっている。法名は龍門寺羽典栄林公と号した。とすれば、一歳で最上家の当主となったことになる。

義守に関して注目されるのは、「永禄六年諸役人附」（『群書類従』雑部）という室町幕府に従う武士の名簿に「関東衆」の一人として「最上出羽守　奥州」と最上義守が記載されている点である。それにより、永禄六（一五六三）年において最上義守が室町幕府に仕える武士として公認されていたことは確実である。

ところで、先に、最上義光は慶長以前において山形義光であったとする説があることを述べた。最上義守・義光父子が義光の元服後の永禄六（一五六三）年六月に上洛して、第一三代将軍足利義輝《あしかがよしてる》に拝謁し、馬と太刀を献じている（『言継卿記《ときつねきょうき》』三、五九三頁）が、その際、山科言継《やましなときつね》は、義守・義光父子のことを、「山形殿父子」と記している。ほかにも、山形義光と自署している書状は多い。

しかし一方で、「永禄六年諸役人附」という公的な記録において「最上」と記載されており、

花押

印判

公式には、最上義守の代の永禄六（一五六三）年頃には最上氏を名乗り、室町幕府に登録されていたのであろう。そうしたこともあって、本書では最上義光と表記している。

さて、元亀元（一五七〇）年に義守は、重臣の一人で家宰《かさい》であったと考えられる氏家定直《うじいえさだなお》の諫言もあって、しぶしぶ家督を義光に譲り、中野に隠居した。義守の隠居地が中野であったのは、自分の故郷であったからなのだろう。前述の通り、中野氏から当主が入るのは満氏以来であった。

しかしながら、義守は義光に家督を譲ったあとも、義光と対立し、いわゆる天正二（一五七四）年の乱を起こす。当初は娘婿の伊達輝宗《てるむね》も味方に付けて有勢であったが、結局、義光に敗れた。天正二年の乱については後述するが、こうした義守は、義光にとって愛憎半ばする存在であったと言えよう。

義守関係文書は、七点しか知られていない。義守は、写真のような花押《かおう》と印判《いんばん》を使用していた。義守の印判は、鼎《かなえ》型の中に梅林という文字が書かれている。

義守発給文書の多くは、天正二（一五七四）年の乱に関するものであるが、次のような伊達稙宗と晴宗《はるむね》の争いである天文の乱に関連する文書もある。

（前略）そもそも、そちらが取り乱れた（＝戦闘状態となった）と聞こえてきたので、すなわち笹屋口に兵を出しました、（中略）そちらでの関係の修復が何より重要です。（中略）恐々謹言。

卯月七日　　源義守（花押）

謹上　伊達殿（稙宗）

（「伊達家文書」）

本史料には年号が欠けているが、内容から天文一三（一五四四）年四月七日付けの伊達稙宗宛て最上義守書状と考えられてきた。本史料からは、義守が伊達稙宗に味方して、現在の山形市と仙台市の境にあたる笹屋口まで出兵していたことがわかる。

ところで、義光の母親について記す系図は少ない。最上氏と密接な関係にあった宝幢寺の最上氏系図（「宝幢寺本最上系図」）によれば、義光の母は小野少将の女（娘）と記されている。「宝幢寺本最上系図」は文化八（一八一一）年に書写されたものであり、かつ小野少将がいかなる人物かはっきりしない。ほかに証拠はないが、ひとまず義光の母は小野少将の娘であったという伝承がある、としておこう。

第四節　幼少期の義光

最上義光が歴史の表舞台に登場するのは、山形市内の光明寺に伝わる『遍照山光明寺由来記』(以後、『光明寺由来記』と略す)からである。『光明寺由来記』は、慶安五(一六五二)年七月に光明寺第二一代住持一理が光明寺の歴史を書いたものだ。それによれば、「永禄三庚申年正月十五日齢十五元服」とあり、永禄三(一五六〇)年正月一五日に一五歳で元服したという。

光明寺は、先に触れたように、最上氏の祖とされる斯波兼頼《しばかねより》が隠居して開いた庵に由来する。永和元(一三七五)年に、斯波兼頼の跡を継いで山形城主となった直家《なおいえ》が、応永七(一四〇〇)年に引退し、城内にあった兼頼の庵を隠居所として「遍照山光明寺」と名づけて、寺院にしたという。その寺院化に大きな役割を果たしたのが、第三代将軍足利義満《あしかがよしみつ》に仕え、和歌・連歌などに秀でて、たまたま山形に来下した朝山梵燈庵《あさやまぼんとうあん》(朝山師綱《もろつな》)であった(片桐繁雄「光明寺と最上氏」『遊行上人絵』)。このように、光明寺は最上家と極めて密接な関係にあり、最上家に関する伝承も信憑性がある。それゆえ、永禄三(一五六〇)年正月一五日に一五歳で元服したというのは、ほぼ依拠できるであろう。

他方、江戸幕府の『寛政重修諸家譜』の「最上系図」によれば、義光は「永禄元年十三歳にして元服し光源院義輝より諱字を与えられ、義光と名乗る」とある。それゆえ、永禄元（一五五八）年説の方が公式的である。だが、次のような理由からもひとまず光明寺の伝承に従って永禄三（一五六〇）年一五歳で元服としておきたい。

羽黒山の僧信弁が書いた『羽源記《うげんき》』という記録によれば、永禄四（一五六一）年の三月中旬、一六歳の義光は、父義守に連れられて高湯《たかゆ》（蔵王）温泉に行き、賊に襲われる。賊の頭目に危うく殺されそうになった。ところが、逆襲して、賊の頭目を脇差しで殺すという武勲を立てた。そこで父に褒められ、笹という刀を賜ったという話が伝わっている。なお、『羽源記』というのは、信弁が寛永・明暦（一六二四～五八）の頃、古老を訪ね、その体験談を基に戦記物語『奥《おう》羽越戦記《うえつせんき》』一〇巻を著し、これが後補されて二〇巻の『羽源記』になったものである。

この高湯での逸話は、ほかに確かめようがないので真偽不明である。しかし、これが、元服の翌年の話であることは注目される。そうした話は、鎌倉幕府第二代将軍源頼家《みなもとのよりいえ》が、元服後の狩りで大鹿を獲て一人前と認められたように、義光が一人前と認められたことを示す逸話と考えられる。こうした伝説の存在からも、永禄三（一五六〇）年正月に一五歳で元服したと考えている。

それはさておき、『寛政重修諸家譜』の系図からわかるように、義光の「義」は第一三代将軍足利義輝から一字を貰ったのは確かであろう。その礼として、翌永禄四（一五六一）年には、義守は将軍に馬を贈っている。というのも、同年六月二六日、将軍義輝は越後の上杉政虎《まさとら》（のちの謙信《けんしん》）に命じて、義守の献じた馬が無事通過できるように、往来の便を計らわせている（「青木文書」）からだ。

第五節　義光の母が作った文殊菩薩騎獅刺繡像

次に注目されるのは、文殊菩薩騎獅刺繡像《もんじゅぼさつきししししゅうぞう》（以下、文殊菩薩騎獅像と略す）である。山形市八日町宝光院に伝わり、工藤秀和住職のご好意で、現在は山形大学附属図書館（小白川図書館）所蔵となっている。この文殊菩薩騎獅像は、山形市指定有形文化財である。菩薩というのは、悟りを得た仏とは異なり、自己の悟りを目指すのみならず、他者の救済に努めている修行者のことである。

文殊菩薩は、「三人よれば文殊の知恵」というように知恵の仏として知られる。かつては、文殊菩薩に祈願し、文殊の知恵の力によって目に見えない悪鬼・悪霊・敵を退散させられると信じられていた。それゆえ、文殊菩薩騎獅像は数多く制作されたが、刺繡仏、特に中世のそれはほかに真言宗系の一例（大和文華館所蔵）しか現存せず、文化財としても注目に値する。

宝光院旧蔵の文殊菩薩騎獅像は、手に如意棒を持っている。この手に如意棒を持つ文殊は五台山《ごだいさん》文殊と言われ、天台宗で大いに重視された。その作例として、中尊寺経蔵《ちゅうそんじきょうぞう》の文殊騎獅像が挙げられる。宝光院も天台宗寺院なので、五台山文殊像が刺繍されたのも大いに理解しやすい。また、五台山文殊は、渡海文殊とも呼ばれる。すなわち、文殊の聖地である中国五台山に渡る姿だという。要するに、天台系の文殊刺繍仏は現在、これが唯一で、その意味でも貴重である。

さらに、この文殊菩薩騎獅像の上部には、中野（現在の山形市北西部）寿昌寺に住む源氏末葉の永浦尼《えいほに》が刺繍して、永禄六（一五六三）年癸亥四月一七日に法（宝）光院住職増円に寄付したという文言が刺繍されている。

宝光院は、最上家の改易（一六二二年）後は、最上氏の氏寺ではなく、延享三（一七四六）年までは常陸黒子郷（茨城県下妻市周辺）東叡山千妙寺《とうえいざんせんみょうじ》の末寺として、それ以後は上野寛永寺《かんえいじ》の末寺として生き延びた（田中大輔、二〇一一）。最上氏時代の史料は少なく、とりわけ中野時代はほとんど不明であった。

文殊菩薩騎獅刺繍像
（山形大学附属小白川図書館所蔵）

ただ、『乩補《けいほ》出羽国《でわのくに》風《ふ》土略記《どりゃくき》』（一七九二年刊）によって以下のことが指摘されている。中野の宝光院と山形両所宮の大宮司が義光の弟中野義時《よしとき》に味方して義光を呪詛した。

怒った義光は山王別当宝光院を追放し、大宮司は改易され、山形両所宮は成就院の支配下になり、城内から宮の内へ移された。その後、国分寺法印の取り成しで、山王社並宝光院共に山形へ移ってきた、という。この記述は、「天正二年最上の乱」の項（本書第二章第一節）に載せておいたが、宝光院が中野の地から山形城下に移ってきた理由を示していて興味深い。

話を文殊菩薩騎獅像に戻すと、この文殊菩薩騎獅像により、宝光院の住職は、永禄六（一五六三）年当時、増円であったことがわかる。

ところで、刺繡者である永浦尼が住む寿昌寺《じゅしょうじ》は最上義守《よしもり》の菩提寺であったと考えられる。と言うのも、最上義守は天正一八（一五九〇）年五月二七日に亡くなったが、「最上宗家歴代系統法号」の義守の戒名の項に「受昌寺殿羽典栄林公」とあり、一字異なるが、受は寿と同音であり、同一の寺院と考えられるからである。それゆえ、法名と寺名が同じであることから、寿昌寺は最上義守の菩提寺と考える。義守は、「光明寺本系図」や「最上家譜」などの系図に「のちに龍門寺羽典林公大居士」と書かれているように、龍門寺《りゅうもんじ》（山形市北山形）を墓所とするが、おそらく、当初は中野に菩提寺があったのであろう。

なぜなら先述したように、最上義守の出自については系図によって異同があるが、ほぼ中野の関係者であったことは間違いないからだ。「光明寺本系図」（二種類とも）や「最上家譜」によれば、義守は「中野義清の二男」とあり、もともと中野の出身であったとする。それゆえ、義守の菩提寺が中野に所在したとしても何ら不思議ではない。

だとすれば、そこに住む尼は、最上義守の正妻か母と推測される。母であれば、当時、六〇歳を超えていたと推測されるが、まずは母説から検討してみよう。
この義守母については、「一相坊圓海置文写」（「立石寺文書」）によって活動がわかる。内容を補足しつつ意訳すると次のようになる。

山寺立石寺《りっしゃくじ》（山形市山寺）は、大永元（一五二一）年に天童《てんどう》氏側の成生《なりゅう》氏の焼き討ちによって灰燼に帰し、最澄《さいちょう》によって延暦寺《えんりゃくじ》からもたらされた如法堂の灯明も消えてしまっていた。ところが、一相坊圓海は義守の母（春還芳公禅定尼）に大旦那となって貰い、天文一二（一五四三）年四月一三日に延暦寺に上り、根本中堂の灯火を譲り受けた。船で数度の難風に遭ったが、天文一三（一五四四）年八月二五日に無事に下着できた。天文一三年三月の上旬には先例に任せ、大聖院広圓阿闍梨によって中断していた勤行《ごんぎょう》を開始できた。その功徳は莫大である。大旦那の現世安穏、後世善世の願文《がんもん》の誠心は軽浅なものではない。そこで、当山の縁起・古本、時々の状を末代のために内陣に納めるものである。願うところは、この功徳をもって三界万霊、有縁無縁が伝教大師の引接に預かり、ことには春還芳公禅定尼の大菩提のためである。

要するに、立石寺の如法堂の灯明の復興などを、最上義守の母が大旦那として後援したことがわかる。内容から、春還芳公禅定尼が義守の母と考えられる。また、そうした戒名を有し、かつ彼女の大菩提（成仏のこと）のために、当山の縁起などを内陣に納める功徳が回向《えこう》されていることを考えると、この「一相坊圓海置文」が作成された頃には亡くなっていたと考えられる。本文書は欠年であり、はっきりしないが、従来は、天文一三（一五四四）年頃と推測されている。とすれば、義守の母は天文一三（一五四四）年頃に亡くなっていたことになる。このように、「一相坊圓海置文写」によって、永禄六（一五六三）年に義守の母が生きていた証拠はないことになる。

しかし、問題は単純ではない。と言うのも、義守には母が二人いたからだ。義守が中野義清の二男とすれば、実母である義清の妻と養母の伊達《だて》稙宗《たねむね》の妹の二人である。だが、そうした公的な記録に出てくる「母」とはおそらく、義守の父義定の嫡妻伊達稙宗の妹のほうであろう。

とすると、文殊菩薩騎獅像を寄付した中野の寿昌寺に住む尼とは義守の実母だとする説（武田喜八郎、二〇〇七）も大いに示唆に富んでいる。しかし、平均寿命が短かった当時、実母が六〇歳まで生きていたかは不明確である。また、義清の妻が、養子に出した息子と孫のために宝光院という寺院に文殊菩薩騎獅像を寄付するという目立った行為を為し得たか否かもはっきりしない。当時は、養子に出した以上、義守に母として関与できたかは疑わしい。それゆえ、ひとまず、永浦尼は義守の妻だと考えたい。もっとも、尼だといっても、当時は在家の尼として普通の生活を送っていた。

この義光の母は長生きをしたようで、慶長八（一六〇三）年三月一七日に、義光は、老母のために千手堂《せんじゅどう》（山形市千手堂）へ詠歌板額を寄付している。七〇歳を超えて生きていたようだ。

この義守の妻、とりわけ正妻であった義光の母については、記載のない系図もあるが、先述した最上氏と密接な関係にあった寺院の一つである「宝幢寺本系図」によれば、小野少将の娘とする。それゆえ、永浦尼とは小野少将の娘のことで、義光の母であったと考えている。

ところで、注目すべきは、ほぼ二ヶ月後の永禄六（一五六三）年六月一四日には最上義守・義光父子が京都に上り、第一三代将軍足利義輝に拝謁して、馬と太刀を献じていることである（『言継卿記』三、五九三頁）。すなわち、「出羽国の御所である山形殿父子が御禮に参られたと言う、（中略）父子、馬・太刀で御礼を申された」とある。わざわざ親子で上洛し、足利義輝にお礼として馬と太刀を献じた理由は、次のように考えられる。

先述のように、義守は永禄六（一五六三）年五月日の「永禄六年諸役人附」に「最上出羽守奥州《(羽)》」と記載されており、将軍の直臣に位置づけられていた。それゆえ、永禄六（一五六三）年六月一四日の上洛は、そのお礼が第一義であったと考えられる。だが、「永禄六年諸役人附」とは関係のない義光をわざわざ同道したのには、別の理由もあったのだろう。すなわち義光が元服し、その際、将軍義輝の「義」字をいただいたことに対するお礼と臣従の礼を行うためと推測される。

とすれば、本刺繡の制作が、永禄六（一五六三）年四月一七日であり、京都に到着する二ヶ月ほど以前であることなどから、義守の妻（義光の母）が、夫と息子の旅の安全と武運長久を祈って刺繡したものと考えられる。その意味でも、義守の妻（義光の母）の、夫や息子への愛情が感じられる。一差しごとに、夫や息子への思いが込められた騎獅像なのだ。

要するに宝光院旧蔵の文殊菩薩騎獅像は、義光母の永浦尼が、将軍義輝への御礼のために上洛する義守・義光父子のために、安全などを祈願しつつ刺繡したものと考えている。このように、宝光院の文殊菩薩騎獅像によって、一八歳頃の義光の周辺がわかるのである。

第六節　義光の妻と家族

義光の妻については、大崎殿《おおさき》と天童頼貞《てんどうよりさだ》娘、清水義氏《しみずよしうじ》娘の少なくとも三人がいたことがわかっている。

まず、正妻と考えられる大崎殿から見ていこう。大崎殿は大崎氏の出で、大崎義隆《よしたか》の妹と考えられる。先述のように、大崎氏は最上氏と同じく斯波《しば》氏の一族で、室町時代の陸奥国支配を担当した奥州探題の家柄である。斯波家兼《いえかね》が貞和二（一三四六）年に奥州大崎の地へ下向し、長男の直持《ただもち》が奥州探題、二男の兼頼《かねより》が羽州探題となった。要するに、最上氏と大崎氏とはもともと同族で、最上氏が出羽国支配を担当した羽州探題を、大崎氏は奥州探題を継承していた。大崎殿がおそらく正妻として入ったのは、そうした背景によるのであろう。

義光は、家職と言える羽州探題の再興を目指しており、一族の本家筋でもあった奥州探題家の大崎氏を極めて重要視していた。正妻を大崎氏から娶《めと》っていたこともあって、絶えず大崎氏への援助を惜しまなかった。

他方、伊達《だて》氏は大崎氏から奥州探題職を継承しており、ことに義光の甥政宗《まさむね》は奥州の新たな支配権の確立を目指していた。このように、義光と政宗は伯父・甥でありながら、両者の利害は全く対立していた。

義光の子供の中で、駒姫《こまひめ》は大崎殿が生母と考えられている。『最上家代々過去帖』(『山形市史史料編1』八八頁)によれば、「月窓妙桂大禅尼　山形殿内室、奥州大崎家女」が文禄四(一五九五)年八月一六日に亡くなっていることがわかる。大崎殿は文禄四(一五九五)年八月一六日に亡くなったのであろう。

ところで、よく知られているように、義光の娘である駒姫は、豊臣秀次《とよとみひでつぐ》に嫁いだ。だが、秀次は「謀叛」の罪で秀吉によって文禄四(一五九五)年七月に高野山《こうやさん》へ追放され、自害させられた。この秀次事件に連座して、駒姫は、ほかの秀次の妻らと共に、文禄四(一五九五)年八月二日に京都三条河原《さんじょうがわら》で処刑されている。八月一六日に亡くなった大崎殿は、駒姫死後の一五日後(二七日目《にしちにち》)に亡くなっていたことになるが、それも駒姫の横死に関連すると考えられ、大崎殿が駒姫の生母であった傍証となろう。なお、駒姫惨殺については後述する。

このほかにも、延沢《のべさわ》(野辺沢)満延《みつのぶ》の息子光昌の妻となった松尾姫や氏家光氏《うじいえあきうじ》に嫁いだ竹姫、東根《ひがしね》（里見）親宣《ちかのり》に嫁いだ女（禧玖姫）が義光の女子とされているが、大崎殿が彼女らの母親であったかは不明である。

諸系図によれば、義光には、義康《よしやす》・家親《いえちか》・満氏《みつうじ》（清水氏。光氏、氏満《うじみつ》、大蔵とも）・義忠《よしただ》（山野辺《やまのべ》氏）・光広《あきひろ》（上山《かみのやま》氏）・光隆《あきたか》（大山《おおやま》氏）の六人の息子がいたとされる。ここでは、その息子たちにも注目しよう。

義康は長男であり、義光の跡継ぎとされていた。『最上記』などの江戸時代の物語では、義光との折り合いが悪く、二男の家親を推す徳川家康の意向もあって、義光は廃嫡の上で高野山へ流すことにした。しかし、義康は高野山へ向かう途中、鶴岡《つるおか》の丸岡あたりで、鉄砲で撃たれて殺害される。慶長八（一六〇三）年八月一六日のことであった。一方、家親は子供の頃に、いわば人質として家康に差し出され、家康に認められていたのである。そのことは、家康の一字を貰っていることにも表れている。以上のようなことが先学によって明らかにされている。

義康と家親についてはあとで詳しく論じるが、ここでは義康と家親の母親に注目しておきたい。

従来は、義康、家親の母は根拠もないのに義光の正妻大崎殿と考えられてきた（誉田慶恩、一九六七）。しかし、義康、家親の母が、「宝幢寺本最上系図」や「最上・天童・東根氏系譜（菊地蛮岳旧蔵）」の「最上系譜」では、もう一人の妻である天童頼貞の娘と記されている点は大いに注目される。以下に「宝幢寺本最上系図」を引用しよう。

義康（中略）幼名は右馬頭、又源五郎、後に修理大夫、母は天童四位少将頼貞女、
室は白鳥十郎光清（女脱カ）、義光嫡男

家親　母は天童四位少将頼貞女（後略）

ここからは、以下のことがわかる。義康は、幼名を右馬頭、または源五郎といった。のちに修理大夫に任じられた。母は天童四位少将頼貞の娘で、妻は白鳥十郎光清（長久カ）の娘。義光の嫡男である。また、家親も母親は天童頼貞の娘とする。

先述したように、宝幢寺が最上氏と極めて密接な寺院であったことから、ひとまず義康と家親の母は天童頼貞の娘であったと考えておこう。先述の『最上家代々過去帳』から、家親の実母の法名は高月院殿妙慶禅定尼で、慶長三（一五九八）年一二月一四日に亡くなったことがわかる。要するに、大崎殿は正妻であったが、男子はいなかったのかもしれない。

ほかの男子四人の母についてであるが、三男の清水満氏（大蔵）については、『大蔵村史』によれば、母は清水三郎義氏《さぶろうよしうじ》の娘とされる。清水（現在の山形県最上郡大蔵村）は最上川水運の要衝の地であり、水運掌握を目指す義光は息子を清水氏の養子に入れたと考えられる。清水大蔵については後述するが、清水義氏の娘は、義光の死後は清水に帰り、出家して光明寺殿釈真覚大禅定尼と号した。寛永一五（一六三八）年八月二二日に六三歳で死去したと伝わる。なお、

この清水義氏の娘は、三男のほか、五男の上山光広、六男大山光隆、禧玖姫の母とされる。

第七節　妹義姫について

義光の二歳下の妹義姫《よしひめ》も忘れてはならない。義姫は、天文一七(一五四八)年に生まれた。誉田慶恩氏は義光と義姫を異母の兄妹と考えている(誉田慶恩、一九六七)が、義光との信頼関係の強さなどを考えると、筆者は同母の兄妹であったと考える。伊達輝宗《だててるむね》と結婚し、長男政宗《まさむね》と二男小次郎《こじろう》を産んだ。輝宗との結婚の時期についても異論はあるが、永禄六(一五六三)年から永禄九(一五六六)年にかけてと考えられている(『山形市史』)。

ところで、小林清治氏の研究によれば、義姫は天正一八(一五九〇)年四月五日に政宗を黒《くろ》川《かわ》城(福島県会津若松市)内の西館へ招いて、毒殺しようとしたが失敗し、実家の山形城へ逃亡したとされる(小林清治、一九五九)。義姫は、言わば息子を殺そうとした鬼母とされてきたのである。それゆえ、義姫や義光に対するイメージは極端に悪くなっていた。史実はどうなのであろうか。そこで、この事件に関する小林説を以下に少し紹介しよう。

政宗は、天正一七(一五八九)年六月に宿敵である蘆名《あしな》氏との戦いに勝利し、以後、着々と領土を広め、陸奥国五四郡、出羽国一二郡のうち、その半ばに及ぶ三〇余郡を手に入れた。しかし、そうした動きは、天下を併呑し天下人となりつつあった豊臣秀吉の怒りを買った。翌天正一八（一五九〇）年三月には、政宗は秀吉の小田原参陣命令に従わざるを得なくなった。まさに、政宗が小田原参陣に出発しようとした日の前日四月五日に、母である義姫に招かれて、黒川城内の西館で食事をしたが、たちまち激しい腹痛を覚えた。ただちに帰って服用した排毒丸のおかげで、ようやく一命を取り止めた。翌々日の七日に、政宗は手ずから小次郎を斬殺した。この事件の背景には、義姫が弟小次郎を溺愛し、秀吉の怒りを買っていた政宗を殺して、小次郎に家督を継がせようとしたことがあると考えられてきた。さらに、義姫の背後には最上義光がいて、政宗を殺させて、義姫・小次郎を操り、伊達家に介入して実権を握ろうとしていたとも考えられている。

しかしながら、近年、政宗の師として決定的な影響を与えた人物であると共に、生涯親しい仲であった虎哉宗乙《こさいそういつ》（一五三〇〜一六一一）和尚の新出書状によって、従来説の見直しが進んできている。

虎哉宗乙は、美濃（岐阜県）の出身で、快川紹喜《かいせんじょうき》に師事した禅僧であり、「天下の甘露門《かんろもん》」と称された当代随一の学僧であった。虎哉宗乙の書状を使った佐藤憲一氏の研究「伊達政宗の母・義姫の出奔の時期について――新出の虎哉和尚の手紙から」（佐藤憲一、一九九五）によって、義姫の伊達家出奔の時期が文禄三（一五九四）年一一月四日であることが明らかにされた。

すなわち、文禄三（一五九四）年一一月二七日付けの大有東堂宛て虎哉宗乙書状（仙台市博物館所蔵文書）には、来春、和尚の下降（向）を願うところです、かつまた、政宗の北堂（義姫）が今月四日夜、最上に向けて出奔されました。尊（大有師）はお聞き及んでいますか、

（中略）

去月廿三日は吾が岐秀先師三十三白忌でした（後略）

十一月廿七日　　宗乙（花押）

進上　大有東堂

侍衣閣下

とある。年次を欠いているが、虎哉宗乙が師岐秀元伯《ぎしゅうげんぱく》（?〜一五六二）の三三回忌を挙行するのは文禄三（一五九四）年なので、本書状は文禄三年のものである。傍線部分から、義姫が一一月四日に最上家へ出奔したことがわかる。それゆえ、義姫の最上家への出奔の時期が文禄三年一一月四日であると断定された。

このことにより、義姫が天正一八（一五九〇）年四月七日に山形へと出奔したという旧来の説は覆され、義姫の伊達家出奔の理由についても、現在は見直され始めている。

すなわち従来は、義姫が二男小次郎を溺愛し、蘆名氏を攻めるなどして豊臣秀吉の「惣無事

令」に違反したことから、秀吉によって処罰されかかっていた長男政宗を毒殺しようとしたが失敗したために、伊達家を逃げ出し、山形へ逃げ帰ったという説などがあった。しかし、天正一八(一五九〇)年四月以後も義姫と政宗の関係は良好であり、かつ、義姫出奔の時期が文禄三(一五九四)年と確定したことから、義姫を首謀者とする政宗毒殺未遂説は間違いである。

かつての説は、元禄一六(一七〇三)年に編纂された仙台藩の正史『伊達氏治家記録《だてしちけきろく》』の記事に基づいて書かれている。だとすれば、『伊達氏治家記録』は捏造説を記したことになり、藩の正史といえども鵜呑みにせず、史料批判をすることの重要性を教えてくれる格好の事例と言える。

とすれば、『伊達氏治家記録』がなぜそうした捏造を行ったのかが問題となるが、史料がないために推測するしかない。政宗の弟である小次郎と後見役が政宗によって殺されたのは事実であり、政宗が小次郎一派を粛清せざるを得なかったことに対する、もっともらしい理由を付けるために、最上義光にそそのかされた母義姫による毒殺未遂事件を捏《でっ》ち上げたとも考えられる。

当時の政宗は、秀吉の怒りを買っており、秀吉による政宗斬首と伊達領没収の可能性は十分あった。言わば伊達家は、大変危機的な状況に置かれていたのである。政宗もそれを自覚し、死出装束《しでしょうぞく》で秀吉に拝謁したという(小林清治、一九五九)。おそらく伊達の家臣団には、政宗を殺し、小次郎を立てて秀吉の許しを得ようとする動きがあったのだろう。しかし、政宗は小次郎を殺し、そうした動きを封印した上で、小田原へ向かったのであろう。これに関しては、今後の研究の深化に期待しよう。義姫は仙台藩の捏造によって、不当に評価されてきたと言える。

さて、伊達輝宗に嫁いだ義姫は、永禄一〇（一五六七）年に政宗を産む。政宗が天正一二（一五八四）年一〇月に一八歳で家督を継ぐと、それ以後は、伊達家当主の母として伊達家において重要な役割を果たすことになった。

とりわけ、義姫は、伊達氏と最上氏との和議締結・維持に仲介役として大きな役割を果たしたことで注目されている。天正一六～一七（一五八八～八九）年の大崎合戦においては、天正一六（一五八八）年に、最上領との境界に位置する中山《なかやま》（山形県上山市）に輿で乗り付け、息子政宗と実家の兄義光との間の和議を仲介したことで知られる。

中山に輿で乗り付け、和平工作をする義姫に対しては、やめるように意見がなされたようである。

（前略）こちらへ輿を寄せることをやめてしまったら、きっときっと無事の儀は途切れてしまうはずと思って申します。（中略）私が中を退いてやめてしまったら、無事のことは途切れてしまうはずです。（後略）

（「伊達家文書」）

以上は、天正一六（一五八八）年七月六日付けの、伊達家の重臣片倉景綱《かたくらかげつな》宛て、義姫の書状の一部で、現代語に訳している。

輿で乗り付ける和平工作を中止するように求める意見に対しては、義姫が中山から米沢に戻れば、和平工作は頓挫すると述べている。

（前略）こちらの様子、先の手紙に書きましたように、伊達后室（＝義姫）が中間に輿を出され、八十日に及ぶ滞在をし、種々悃望《こんもう》された。ことにこの頃、中山境の地へ三十里も、輿を寄せられて侘言をされたことは、侍道の筋目としてどうしようもないので、納得いたしました。もちろん大崎も同意され、無事に成就しました（後略）

（「秋田藩家蔵文書」）

右の史料は、天正一六（一五八八）年七月一八日付け、小介川治部大輔宛ての最上義光書状の一部である。年欠文書であるが、内容から大崎合戦に関わり、天正一六（一五八八）年のものと考えられる。小介川治部大輔とは、出羽国由利《ゆり》郡（秋田県南部）の武士である。引用部分からわかるように、義姫が中山境に輿で乗り付け、八〇日間に及ぶ滞在をして政宗と義光の和平を懇望したために、講和することになり、大崎側もそれを了解したことを伝えている。

以上のように義姫は、輿で中山に乗り付け、八〇日間も居座るという実力行使によって、和平を実現するという目覚ましい活動を行っていた。義姫は実に気丈な女性であった。

そうした義姫の動きは、実家の最上方に味方しているように伊達方にはとられたようである。

最上より伊達へ戦をすべきではないとお考えになられたのであろうか。政宗公の御老母は義光公の姉《(妹カ)》で、義光公より御内密の話もあったのであろうか、最上境の中山と申すところへ御出になり、政宗公と御和談の取り扱いをお済ませになった（後略）。

（『伊達日記』）

以上は、政宗の腹心であった伊達成実《しげざね》の『伊達日記』からの引用であるが、義姫の行動を、義光と内密の話があった上での活動ではないかと疑っていることがわかる。また、当時四一歳の義姫が「老母」と表記されているのも興味深い。当時の平均寿命の短さが、ここからも読み取れる。

さらに、奥羽の関ヶ原合戦と言われる慶長五（一六〇〇）年の長谷堂《はせどう》合戦に際しても、義光の援軍要請に対して、義姫は政宗に支援を要請している。

先述したように、義姫は文禄三（一五九四）年一一月四日に山形へ戻ったが、その理由ははっきりしない。時には輿で乗り付け、八〇日間も居座るという実力行使をも厭わない義姫を、煙たがる政宗の重臣もいたはずである。伊達成実が、義姫は実家の味方をしていると疑っていたが、そう考える重臣も多かったはずである。それゆえ、そうした重臣との軋轢に耐えられなくなって、山形へ戻ったのかもしれない。

しかし、元和八（一六二二）年の最上家改易後は仙台へ帰っている。そして、翌元和九（一六二三）年七月一七日に死去した。法名《ほうみょう》は保春院《ほしゅんいん》という。

以上述べたように、ようやく義姫は「鬼母」「毒婦」のイメージを払拭され、むしろ政宗と義光との間の積極的な連絡役を務めた女性像が確定してきたと言えるのである（遠藤ゆり子、二〇〇三）。

第二章

義光――羽州探題の再興を目指して

第一節　村山盆地を平定する

永禄一三（一五七〇）年から慶長五（一六〇〇）年までの三一年間は、最上義光が家督継承後、戦国大名として成長していく時期にあたり、言わば苦労の連続の時期であった。義弟の伊達輝宗《だててるむね》、越後（のちに米沢）の上杉景勝《うえすぎかげかつ》らに圧力をかけられつつも、村山盆地の平定に成功し、庄内進出を試み、天正一五（一五八七）年には、いったんは庄内平定にも成功する。以下、この時期の義光の活動を見ていこう。

家督継承

まず、ここで確認しておきたいことに、いつ最上義光が家督を継承したか、がある。従来は、次の「牧野久仲《まきのひさなか》宛て最上義守書状」により、元亀元（一五七〇）年に継承したと考えられてきた。

（前略）そちらで激しい争いがあったそうで、詫言を言ってもどうしようもありません。もちろんのことですが、輝宗は若いので、結局はあなた方親子が工夫して、和合するのが重要です。さて、こちらのほうは、氏家が存命の定まらざる時に意見に及びまして、諸事の不足を差し置き、親子で和解しました。定めて祝着なことでしょう。（中略）

（元亀元年）五月十五日　栄林（義守）（印判）

牧野弾正忠（久仲）殿

右の史料は、伊達家の宿老として専横を極めた牧野久仲に、最上義守が出した書状である。牧野久仲は伊達輝宗と対立していたが、元亀元（一五七〇）年四月には没落していることが明らかなため、本書状は元亀元（一五七〇）年のものと考えられている。それによれば、傍線部のように、死線をさまよう氏家定直《うじいえさだなお》の諫言によって、義守は義光と仲直りをしたことがわかる。それゆえ、元亀元（一五七〇）年五月以前に家督を継いだと考えられる。

ところで、次の「永禄一三（一五七〇）年正月吉日付け立石寺《りっしゃくじ》宛て最上義光言上状」は、義光が家督相続を立石寺に祈願したものと考えられてきた。

謹みて言上いたします。義光の本懐においては、立石寺一山中に、他宗住居の儀はあってはならないです。その上、諸篇のことは威徳院が、ことに我々との談合をもって相調うようにすべきことに、相違があってはなりません。（中略）

義光（A型花押）

立石寺

永禄拾三かのへむま年正月吉日

すなわち、従来は、本史料中の「本懐」を義光の家督相続への願いとし、その時点では家督を継承していなかったと理解されてきた。

しかし、素直に解釈すれば、「本懐」の内容は、それに続く部分であろう。つまり義光は、立石寺内に天台宗以外の僧の住居を望まず、種々威徳院と相談するということであろう。それゆえ、本史料は家督相続とは関係のない文書であり、義光が永禄一三（一五七〇）年正月に家督を継承していなかったとは言えない。逆に、後述する「A型花押」を使用していることから、永禄一三年正月には家督を相続していたと考えるべきではないか。

元亀三（一五七二）年三月になると、次の「元亀三（一五七二）年三月十七日付け荻生田弥五郎《おぎゅうだやごろう》宛て最上義光知行宛行状写」のように、家督継承者としての姿を現す。

此方にやって来て奉公をしたので、妙見寺の内二千苅、飯田の内千苅、妙見寺内畠一貫地を相添えた。末代まで支配をしてよい。

元亀三年三月十七日　　　　義光（A型花押）
荻生田弥五郎殿

（秋田藩家蔵文書〈荻生田伝之允〉）

すなわち義光は、荻生田弥五郎に対して、義光に味方し奉公したので、妙見寺の内に二〇〇〇苅（一〇〇苅りが一反なので二町）、飯田に一〇〇〇苅（一町）、畠（銭一貫の年貢高）を授与している。妙見寺も飯田も山形城下外にあたるとはいえ、村山盆地内の地を与えている。

この荻生田弥五郎がいかなる人物なのかは、はっきりしない。この文書は「秋田藩家蔵文書」所収の文書で、荻生田は一見すると秋田の人のようにも見える。しかし、最上第三代家信（義俊）時代の家臣団構成を記す『最上源五郎様御時代御家中幷寺社方在町分限帳』（国文学研究資料館所蔵「宝幢寺文書」）によれば、荻生田玖右衛門なる人物が一〇〇石を与えられている。おそらく、この荻生田弥五郎の子孫なのであろう。それゆえ、山形にいた武士で、元和八（一六二二）年の最上家改易後に秋田藩に移ったのであろうか。花押《かおう》については後述するが、本文書の花押は、先の立石寺宛ての言上状と同じく、後述の図1（第二章第二節）のような、立派なA型花押（写しではあるが）である点に注目しておこう。

羽州探題職

次に注目されるのは、家督を継いだ義光の政治構想である。繰り返しになるが、最上氏は、将軍家と同じく源氏の一族で、斯波兼頼《しばかねより》以来の羽州探題《うしゅうたんだい》の系譜を引く家柄であった。この点は決定的に重要である。というのも、結論的な言い方をすれば、江戸幕府成立以前の最上義光の基本的立場は、羽州探題の継承者として羽州（山形県・秋田県）を支配するということにあったからだ。要するに、羽州探題としての最上家の復興こそ、義光の理想であったのだ。

羽州探題というのは、室町時代の出羽国に置かれた幕府の役職のことで、正しくは「羽州探題職」と言った。奥州《おうしゅう》探題と並んで室町幕府における奥・羽を統括する要職である。

それぞれ斯波氏の一門である大崎《おおさき》氏が奥州探題、最上氏が羽州探題を世襲したことは先述した。延文元（一三五六）年、奥州探題斯波家兼《いえかね》の二男斯波兼頼が山形に入部し、当時、大江氏《おおえ》ら南朝勢力が割拠していた出羽国の統治にあたったのが始まりとされる。貞治六（一三六七）年に大江氏（のちの寒河江氏）を降し、出羽国における南朝勢力を圧倒後も、その地に留まった。最上氏は、兼頼以後も羽州探題を継承したようだが、明徳二（一三九一）年には鎌倉府への移管などもあって、次第に実質的権力を失っていったと考えられている。

先述したように、「永禄六年諸役人附」（『群書類従　雑部』）に「関東衆」の一人として「最上

出羽守　奥州」と最上義守が記載されている。それにより、永禄六（一五六三）年において最上義守が室町幕府公認の武士であったことは確実である。

しかしながら、それには「出羽守」とはあるものの、「羽州探題」とは記されてはいない。義光の父義守の代には、もはや羽州探題ではなかったのであろう。

他方、義光は家督の継承後、羽州探題の復活を目指して羽州支配を展開していった。実際に、次の「天正一六（一五八八）年閏五月一一日付け中山光直《なかやまみつなお》書状」により、天正一六（一五八八）年閏五月の頃には羽州探題に任命されている（『横手市史』史料編、古代・中世四三四頁）ことがわかる。

（前略）この間、関白様（豊臣秀吉）の上使として金山宗洗公が当地へ着かれ、山形へ上り越されたので、案内をいたし、計らずも罷り上りました。きっとそちらにおいて、おのおの御心配されているので、申し届くべきところですが、俄《にわか》のことでしたので、それもしないでいました。彼方に送り届け申し上げて、すなわち罷り帰りましたので、この程、ご連絡に及びました。さて、彼の御使節の御意趣は、天下一統に御安全に執り成さるべきの段、思《おぼ》し食《め》されているところ、出羽の内へ、越後口より弓矢を執り鎮めらるとのこと、高聞に達し、謂われざるの旨、ならびに義光へ出羽の探題職を渡し進められたのに、国中の諸士、山形の下知に従っているかどうか、こうした儀をもって、（金山宗洗公が）指し下されました。

これによって、山形の威機を宗洗公が聞かせられ、一昨日このほうへ入り来られました。すなわち昨日越後国へ指し遣わされた使者の様躰は如何でしょうか。返答があれば申し入れます。はたまた、仙北干戈《せんぼくかんか》の儀、山（義光）より執り刷《つく》ろわれたにもかかわらず、いまだに落着していないとのことです。重ねて寺民（寺崎民部）を指し下されるとのことです。

（中略）

中山播磨守

閏五月十一日　光直（花押）

潟保治部大輔　御返報

義光は、天正一五（一五八七）年一〇月頃には庄内を制圧し、中山光直を尾浦《おうら》（大山）城（鶴岡市大山）に置いた。本書状の宛名である潟保治部大輔《かたのほじぶのたいふ》は、現在の秋田県南部に盤踞した由利《ゆり》衆《しゅう》の一人である。豊臣秀吉は、関白になると「惣無事」を命じて、諸大名たちの領地争いを私戦として禁止し、違反者には領地没収などを行った。

右の史料もそれに関連しており、内容は、秀吉が出羽に金山宗洗を使者として派遣し、越後口（＝上杉景勝）による庄内への武力介入の排除と、義光を出羽探題職とし、出羽国内の武士が義光の下知に従っているかどうかを調査させたこと、仙北（秋田県南部）の争いも義光の指示に従うべきだが、いまだにうまくいっていないので、重ねて寺崎民部を下されるとのこと、などを伝えている。

注目すべきは、史料傍線部の「義光へ出羽の探題職を渡し進められた」という文言から、義光が羽州探題職に任命されたことである。将軍足利義昭《あしかがよしあき》は天正一五（一五八七）年一〇月には京都へ戻って秀吉の保護下にあり、翌一六（一五八八）年正月、正式に将軍職を辞している。それゆえ、実質的な任命権者は豊臣秀吉と考えられる。

義光が天正一五（一五八七）年一〇月頃に庄内制圧に成功すると、由利一二党などの秋田南部の武士たちは、義光に臣従の礼をとった（『横手市史　史料編　古代・中世』）。本史料からは、義光が羽州探題職を梃子に、秀吉の権威を笠に着て、出羽の武士支配を認められたと主張しつつ、秋田南部の紛争処理にまで介入していたことがわかる。

義光の第二期の一連の活動は、そうした羽州探題継承者としての強烈な意識を踏まえると理解しやすい。

天正二年最上の乱

義光は、永禄一三（一五七〇）年には家督を継ぎ、父の義守は中野《なかの》（山形市中野）に隠居した。先述したように義光は、元亀三（一五七二）年三月一七日には、荻生田弥五郎に土地を宛行《あてが》っている。まさに、家督としての象徴的な活動と言える。

しかし、義光の家督継承は簡単ではなかった。と言うのも、義守との間に確執が生じ、義守が天正二（一五七四）年に義光打倒を掲げて最上の乱を起こしたからである。

中野殿（最上義守）は天正二（一五七四）年五月に伊達輝宗《だててるむね》をはじめとして天童《てんどう》・高擶《たかだま》・東根《ひがしね》といった諸氏の支持を受けて義光派の一掃を図ったが、結局、義光の勝利に帰した。ここに、ようやく最上家の家督を確立するに至ったのである。

この天正二（一五七四）年の最上の乱の原因に関して、誉田慶恩氏は、義守が義光の弟である中野義時《よしとき》を寵愛したことに起因するとされてきた。すなわち誉田氏は、天正二（一五七四）年の最上の乱を通して、義光の弟で、中野の城主となった中野義時と義光との対立に光りをあてた。誉田氏は、最上義守が義光の弟義時を寵愛して跡を継がせようとし、義光へ家督を譲ったにもかかわらず、天正二（一五七四）年には娘婿の伊達輝宗の援助のもとに義光と戦った、これを最上の乱という、とされる。

ところが、この中野義時の存在に関しては、片桐繁雄氏ほかが実在を否定する見解を出し、大いに注目されていた。そして、大沢慶尋氏の『青葉城資料展示館研究報告「天正二年最上の乱」の基礎的研究』（二〇〇一）によって、天正二（一五七四）年に起こった最上の乱の実態が明らかになり、最上の乱関係史料に出てくる「中野殿」とは最上義守であることが確実となった。つまり、最上の乱とは義守と義光との対立だったのである。それゆえ、天正二（一五七四）年の最上の乱を最上義光と中野義時との抗争と見る説は成り立たないと言えよう。とはいえ、中野義時が実在しなかったという点に関しては、少し疑問が残る。

義守・中野義時と義光との対立・抗争説は、古くは『乩補出羽国風土略記《けいほでわのくにふどりゃくき》』（一七九二年刊）あたりから見られる。それは、両所宮《りょうしょのみや》（山形市宮町）の社人《しゃにん》である里見光当らが『出羽国風土略記』を補うために執筆を開始したが、完成前に死去したために、弟子の平田一元が遺志を継いで刊行したものである。その「中野城」の項目には、

義守は嫡義光に山形を領治させ、二男義時を中野の領主とした。しかし、兄弟は不和で、（義時は）兄義光を滅ぼそうと企て、中野村山王別当宝光院、山形吉事宮（両所宮）の神職大宮司と両家において、調伏の祈禱があった。その企ては露見した。義光は大いに立腹し、義時は切腹を仰せ付けられ、滅んだ。天正三年の頃という。その子備中は仙台へ逃亡した。山王別当宝光院は追放され、大宮司は改易になり、吉事宮別当は成就院に仰せ付けられ、家中より宮の内へ引っ越した。（中略）、その後、義光は、薬師寺別当の国分寺へ御入りの時、国分寺法印が種々御詫言を申し上げられたので、御厚免あり、山王社並宝光院共に山形へ引っ越しを仰せ付けられた。今の鉄砲町の宝光院がこれである。この時に里見氏先祖を、両所宮への抑えのために、付け置かれた。最上家改易のあとは、威勢は衰え、いつとなく社家となったという。このことに付き国分寺への証文がある。

とある。宝光院と山形両所宮の大宮司が中野義時に味方して義光を呪詛した。怒った義光は山

王別当宝光院を追放し、大宮司を改易した。山形両所宮は成就院の支配下になり、城内から宮の内へ移転した。その後、国分寺法印の取り成しで、山王社並宝光院共に山形へ移ってきたという。

この話は、山王社並宝光院が中野から山形城下へ移ってきた理由も示している。中野時代の宝光院の資料については、文殊《もんじゅ》菩薩《ぼさつ》騎《き》獅《し》刺《し》繍《しゅう》像《ぞう》以外になかったが、この話は、一方の当事者であった両所宮に伝わった伝承であり、これに関する文書が当時においては残っていたと考えられ、大いに示唆に富んでいる。

では、中野義時は実在したのだろうか。義時は、最上系図の菊地本にのみ見えるとされるが、注目すべきは、光明寺本（一七四六年成立）最上系図には、義光の弟に「中野殿」と見えることである。光明寺は、最上氏ゆかりの寺院であり、義光兄弟の一人に「中野殿」という、中野を拠点とした人物がいた可能性は残る。

とすれば、一つの可能性として、最上の乱に際しては、父義守が主導者であり、前面には出なかったにせよ、義守は義光の弟を擁していた可能性はまだ残っているのではなかろうか。今後の議論を待ちたい。

村山地方から庄内地方へ

さて、天正二（一五七四）年最上の乱を切り抜けた義光は、ようやく先祖相伝の「羽州探題職」

の獲得を目指して活動していく。

とりわけ天正九（一五八一）年頃には、山形市の西部に位置する山辺《やまのべ》地域を支配下に入れていった。

山辺南分の内、仁千束仁百五十苅を取り置かせる。末代に至るまで知行しなさい。
（A型黒印）
天正九年辛巳八月五日
神主八郎殿
（「専称寺文書」）

右の史料は、天正九（一五八一）年八月五日付けの神主八郎宛ての最上義光黒印状である。これによれば、義光が山辺南分内の二二五〇苅の土地を神主八郎に与えていることがわかる。山辺に義光の支配が及んでいたのである。

とりわけ戦国大名は、こうした新恩付与の場合に、サインである花押《かおう》を据えることが多いが、大量発給に向いている印判《いんばん》（印章）が据えられている点も重要である。おそらく、この頃大量の発給がなされたのであろう。この印判状については後述することにする。

ところで、天正一二（一五八四）年になると、谷地《やち》城主白鳥《しろとり》氏、天童《てんどう》氏といった近隣の有力な敵を打倒するに至る。この時期においては、白鳥氏も天童氏も、義光に対抗する有力な武家であった。

白鳥氏は、最上川の西、川西《かわにし》地域に位置する谷地の城主で、勢威を誇り、出羽の支配者たらんことを願っていた。『最上記』によれば、白鳥氏は天下の覇者となりつつあった織田信長に対して、大鷹一羽、馬一匹を贈り、最上の主《あるじ》と偽った。それに対して信長も、遠国で事情がわからなかったためか、懇ろに返書を送ったという。このことを知った義光は、家臣の志村《しむら》九郎《くろう》兵衛《べえ》を使者として、最上家の系図に大鷹などの贈り物を添えて遣わした。信長は直々に志村に謁見、「最上出羽守」という宛名の返書を下した。

白鳥氏を打倒したのは天正一二(一五八四)年六月七日のことと考えられているが、このことを裏づける確実な史料は残されていない。すなわち、義光は重病と称して谷地城主の白鳥十《しろとりじゅう》郎長久《ろうながひさ》を霞《か》城(のちの山形城)に誘い、見舞いに来た白鳥氏を、奸計を用いて滅ぼしたとされる。この話は『最上記』(『最上義光物語』、『義光物語』とも)という、筆者不詳の最上義光一代記の中に見える。『最上記』では、義光の知謀ぶりを示す良い話として書かれているので、おそらくは事実であろう。

それゆえ義光は、この話などから残虐非道の武将として見られることが多かった。しかし、平成二七(二〇一五)年に新発見された山形県立図書館所蔵の『最上物語一〜六』には、この間の事情が詳しく書かれており、その背景がわかる。

すなわち、先述したように、流布本の『最上記』では、白鳥氏の行動に対して、義光は志村九郎兵衛を織田信長の許に使者として遣わし、最上家の系図に大鷹などを添えて贈った。信長は、配下の者を召して、直々に志村に謁見、系図などを披見し、「最上出羽守」という宛名の返書を下した、とする。他方、山形県立図書館所蔵の『最上物語一〜六』では、信長は白鳥追討の命令を義光に下したとして、その命令書までをも挙げている。白鳥の、偽謀をもって人を欺く罪は重く、時日を移さずに追誅せよとの命令である。これによって、義光は信長の命令を受けたことになり、その命令を実行したことになる。

従来は、山形県立図書館所蔵の『最上物語一〜六』が知られていなかったために、あたかも騙し討ちにした面ばかりが強調されてきたが、これによって義光の行動は信長の命令を受けたものであったことになり、理解しやすくなった。

義光は、羽州探題の継承者としての強烈な意識を持っており、家柄などで劣る白鳥氏が頭越しに、義光を飛び越えて信長と連絡を取り、さらには最上の主だと偽りを主張したことには堪えられなかった。白鳥十郎長久を滅ぼしたのは、出羽の「正当な」支配者である義光を差し置いて偽りを主張した罪により、信長の追討命令を受けてのことであったのだ。

次に、天童氏討伐のことを見てみよう。従来、天童氏の打倒については、『奥羽永慶軍記《おううえいけいぐんき》』(一六九八年成立)によって天正五(一五七七)年一〇月とする説と『諸城興廃考《しょじょうこうはいこう》』、『伊達世臣家譜略記《だてせしんかふりゃくき》』などによって天正一二(一五八四)年一〇月とする説の二つがあり、近年では天正一二（一五八四）年一〇月説が有力である。

天童氏は、最上氏の一族であった。天童氏は、現在の天童市舞鶴山《まいづるやま》に城を構え、延沢《のべさわ》、飯田《いいだ》、尾花沢《おばなざわ》氏、楯岡《たておか》、長瀞《ながとろ》、六田《ろくた》、成生《なりゅう》氏といった諸氏と連合して天童八楯を形成し、宗家の義光に対抗したのである。その連合軍は強力で、打倒するのは容易ではなかった。そこで、義光は一計を案じ、天童八楯の中心人物たる延沢氏を懐柔、娘の松尾姫《まつおひめ》との結婚などを条件に降参させた。以後、天童氏は衰退し、天正一二（一五八四）年一〇月には大崎《おおさき》（宮城県大崎市）を目指して落ちて行ったという。

ここで、天童頼久《よりひさ》がなぜ義光に対抗したのかが問題となる。頼久の父である頼貞《よりさだ》は、娘を義光に娶《めと》らせているほどであったからだ。先述の通り、義光の嫡男義康《よしやす》も二男家親《いえちか》も、いずれも母親は頼貞の娘と考えられる。つまり、義光と頼久とは義兄弟であった。

天童頼久が義光と対立した理由には諸説あるが、ここでは誉田慶恩氏の『国分文書』（宮城県多賀城町八幡）による説（誉田慶恩、一九六七）を挙げておこう。それによれば、頼貞は頼久が幼い間、所領の管理を義光とその妻に任せた。成人した頼久は所領の返還を求めたが、その問題がこじれて戦うに至ったという。

『伊達世臣家譜略記』によれば、頼久の父頼貞は、元亀の頃に初めて伊達輝宗《だててるむね》の配下となったという。また、頼貞の妻は伊達氏の重臣国分盛氏《こくぶんもりうじ》の娘であった。天童頼貞も、天童氏の将来を案じ、義光のみならず伊達方にも賭けていたのである。天童頼久は義光に敗れたのち、伊達政宗《まさむね》に仕えた。国分氏は天童氏の姻戚であり、『国分文書』の話には説得力がある。
こうして村山一帯を配下に収めた義光は、ようやく安心して北の新庄《しんじょう》、西の庄内《しょうない》へと進出できるようになった。
さらに、次の史料を見ていただきたい。

立石寺《りっしゃくじ》の常灯が断絶したので、今度油田として、重澄郷内の畑仁貫八百五十の地を、末代に至るまで寄付します。衆中は如在なく法灯を維持されることが重要です。よって後日のための状、以上の通りです。

高擶小僧丸
義光（印判）
天正十四年丙戌正月一日
立石寺
衆徒中

（「立石寺文書」）

この史料は、天正一四（一五八六）年正月一日付けで出された最上義光寄進状で、後述するB１型の義光黒印が捺されている。義光は、天正一二（一五八四）年に天童氏を打倒した。先述したように、立石寺は兵火に遭って不滅の常灯が断絶したことがあった。天童を支配下に入れた義光は、立石寺の常灯を維持するための油田として、天童領内にあった「重澄郷内の畑仁貫八百五十地」を永久に寄付したのである。この立石寺復興への義光の援助こそ、まさに義光が天童氏に取って代わったことを象徴的に示すものなのである。

以上のように、天正一二（一五八四）年こそは義光にとって大画期であったが、義光は、そうした活動を羽州探題の継承者としての行動と考え、自己を正当化していたはずである。

翌天正一三（一五八五）年には、新庄の庭月《にわつき》、鮭延《さけのべ》氏を攻め、天正一五（一五八七）年には庄内へ出陣し、大宝寺義興《だいほうじよしおき》を討つことに成功している。

庄内地方と義光

山形県西部の庄内地方には、義光にとって特別な思いがあったはずである。と言うのも、庄内地方は日本海沿いに位置し、日本海を通じて京都と繋がっていたからだ。とりわけ酒田《さかた》には、三六人衆と呼ばれた豪商による自治的組織が存在し、堺と並ぶ港湾都市として栄えていた。

現在の山形県東部にあたる村山地方を平定した義光は、最上川・日本海を通じて京都と繋がることを目指した。しかし庄内地方には、亀ヶ崎《かめがさき》城（酒田市、酒田城とも）と大宝寺《だいほうじ》城（鶴岡市、鶴ヶ岡城とも）の二大拠点があった。

大宝寺氏は、もともとは武藤《むとう》氏といった。文治五（一一八九）年八月の源頼朝《みなもとのよりとも》による奥州藤《ふじ》原《わら》氏討伐（奥州合戦）以後、武藤氏平《うじひら》が出羽国大泉《おおいずみ》庄（鶴岡市近辺）という荘園の地頭《じとう》として下向したと考えられている。大泉庄は皇室御領の一つである長講堂領《ちょうこうどうりょう》で、赤川流域に展開した。この大泉庄の中心拠点が大宝寺であり、それによって武藤氏は大宝寺氏と名乗った。

のちに大宝寺氏は、羽黒山《はぐろさん》の別当《べっとう》も兼ねるようになっていった。その第一七代当主義氏《よしうじ》（一五五一〜八三）は、積極的に庄内支配を進め、織田信長とも交誼を結び、馬や鷹を献上した。そのために、庄内支配を狙う義光や、隣接する安東《あんどう》（秋田《あきた》）愛季《ちかすえ》らと対立している。

『山形県史』や『新編庄内人名辞典』などによれば、義氏は庄内の尾浦《おうら》（大山《おおやま》）城主武藤（大宝寺）義増《よします》の子である。永禄一一（一五六八）年に本庄繁長《ほんじょうしげなが》が上杉謙信《うえすぎけんしん》に叛《そむ》いて武田信玄《たけだしんげん》に味方した際、父義増が本庄氏に味方したため、謙信から攻められて、義氏は上杉氏へ人質として差し出されたと推測されている。成人した義氏は、上杉氏の権力を背景にして庄内支配を進めた。また義氏は、羽黒山の別当職を弟に譲り、武断政治を行った。その過激さもあって、「悪屋形」と呼ばれたという。しかし、天正一一（一五八三）年に、義光と結ぶ配下の前森蔵人義長《まえもりくろうどよしなが》（東禅《とうぜん》寺筑前《じちくぜん》ともいう）に叛かれ、尾浦城を攻められて自刃した。

そのあとを継いで庄内の支配者となったのは、義氏の弟であった大宝寺（武藤）義興《よしおき》である。義興は、上杉景勝《かげかつ》を頼って庄内支配を目指した。他方、酒田に拠った東禅寺筑前は義光を頼った。結局、天正一五（一五八七）年一〇月に、大宝寺義興は義光に敗れ、義光は庄内を手に入れることに成功している。この庄内領有によって、先述のように、天正一六（一五八八）年閏五月頃には豊臣秀吉から羽州探題に任命されたのである。ここに、羽州探題再興および拝任という義光の宿願が一応達成したと言える。

しかしながら、天正一六（一五八八）年八月、最上勢は上杉景勝の後援を受けた本庄繁長勢との庄内十五里ヶ原《じゅうごりがはら》での戦いに敗れ、義光は庄内を失ってしまう。そこで義光は、豊臣秀吉に対し、本庄繁長らの行為を「私闘禁止令」違反として、支配の不当性を訴えたのである。

世は豊臣秀吉による天下統一の時代へと向かっており、天正一八（一五九〇）年、秀吉の奥羽仕置きに際して、結局、庄内は上杉景勝に与えられることとなった。

出羽国大宝寺分、同庄内三郡のこと、最前に仰せ付けられたように、そのほうとして糺明し、大谷刑部少輔（吉継）と相談して、上方へ、しかるべきように申し付くべきである。

八月朔日　（豊臣秀吉朱印）

羽柴越後宰相（上杉景勝）とのへ

（「上杉家文書」）

この史料は、天正一八（一五九〇）年八月一日付け上杉景勝宛ての豊臣秀吉朱印状であるが、この時点で秀吉が、庄内三郡の支配を上杉景勝に認めたことがわかる。とうとう義光は庄内を失い、実質的には羽州探題再興も夢と潰え去ってしまった。ここに義光は捲土重来を期すことになる。

大崎合戦――伊達政宗との関係

以上のように義光は、天正一六（一五八八）年八月に、上杉景勝《うえすぎかげかつ》の後援を受けた本庄繁長《ほんじょうしげなが》勢との庄内十五里《じゅうごり》ヶ原《がはら》での戦いに敗れ、庄内を失った。その理由の一つに、義光が伊達政宗《だてまさむね》と大崎義隆《おおさきよしたか》との戦いに巻き込まれ、庄内に手が回らなくなっていたことがある。

そこで、ここでは義光と政宗との関係を整理しておこう。先述したように政宗は、義光の妹義姫《よしひめ》の嫡男である。すなわち、義光にとっては甥であった。しかしながら、義光と政宗の関係は微妙であった。

両者の対立点の一つは、大崎氏との関係である。繰り返すが、大崎氏は最上氏と同じく斯波《しば》氏の一族で、陸奥国支配を担当した奥州探題の継承者である。斯波家兼《いえかね》が貞和二（一三四六）年に奥州大崎の地へ下向し、その嫡男直持《ただもち》が奥州探題となり、二男兼頼《かねより》は羽州探題となった。すなわち最上氏が、出羽国支配を担当した羽州探題を継承していたのである。

義光は、大崎義隆の妹である大崎殿を妻としたように、同族である大崎氏を重視し、終始同盟的な関係にあった。義光は羽州探題の継承者を自認していたが、一方の大崎氏も奥州探題の継承者を自認していた。

ところが、現在の福島県伊達市のあたりを名字の地とする伊達氏は、次第に成長して、南奥羽を勢力下に収めていった。それまで、明徳二（一三九一）年から応永七（一四〇〇）年の鎌倉府所管の時期を除いて、陸奥国には守護職を置かずに探題職（管領職）が設置されていたが、大永二（一五二二）年一二月七日には、伊達氏第一四代の稙宗《たねむね》（一四八八〜一五六五）が陸奥守護職に任じられている。それ以前、室町幕府は奥州探題大崎氏に遠慮して、陸奥守護職の任命を行わなかったが、ついに伊達氏は陸奥守護職に任命されたのである。

稙宗の時代は、伊達氏の基礎が固まった時代とも言える。戦国大名の家法《かほう》として有名な伊達氏の『塵芥集《じんかいしゅう》』も稙宗時代に制定された。もっとも、天文一一〜一七（一五四二〜四八）年には稙宗の専制的な態度に家臣団が分裂し、稙宗と嫡男晴宗《はるむね》との間に父子の戦いが起こった。これを天文の乱という。天文の乱に勝利したのは晴宗で、彼は居城を桑折西山城《こおりにしやま》（福島県伊達郡桑折町）から米沢（山形県米沢市）に移して伊達家の再生に努めつつ、奥州探題の地位も狙った。そして、ついに永禄二（一五五九）年九月二四日、晴宗は念願の奥州探題に任命されている。このように、大崎氏の地位は、伊達氏に取って代わられるに至ったのである。

出羽国南部の米沢城に拠りつつ奥州探題として奥羽地域に強大な勢力を築き、最上領すらも虎視眈々と狙う伊達氏に対して、義光は決して良い思いを抱いていたわけではなかった。義光が大崎氏から妻を迎えたように、同族でもある大崎氏の権威を利用して伊達氏を牽制する意図があった。

伊達政宗は、天正一二（一五八四）年一〇月に家督を継いで第一七代伊達家当主となったが、政宗と義光との間で決定的な対立が起こった。天正一四（一五八六）年に起こった大崎合戦である。大崎合戦は、大崎義隆の小姓新井田刑部《にいたぎょうぶ》と伊庭野惣八郎《いばのそうはちろう》の争いに端を発している。新井田と大崎義隆は義光を頼り、伊庭野は大崎氏の家宰《かさい》の地位にあった氏家吉継《うじいえよしつぐ》を頼った。そして氏家は、政宗に助けを求めたのであった。

なお、新井田刑部と伊庭野惣八郎は共に大崎義隆の男色の相手であった。織田信長と森蘭丸《もりらんまる》、伊達政宗と只野作十郎《ただのさくじゅうろう》といったように、戦国武将（公家衆や僧侶も）の間では男色が文化として定着していた点にも注目すべきである（松尾剛次、二〇〇八）。

当初、政宗は、会津の蘆名氏《あしな》との戦いなどもあって、余力がなく、しばらくの間は介入しなかった。天正一六（一五八八）年正月一七日になると、ついに氏家吉継を助けるために留守政景《るすまさかげ》と泉田重光《いずみだしげみつ》の両名を大将とする一万名もの大軍を出陣させた。しかし、義光の後援する大崎義隆は、留守・泉田両将の不和などもあって、伊達軍を破ることに成功したのである。伊達方は政宗の寵臣で、大将の一人であった泉田重光を人質に取られるなど、惨敗に近い状況であった。

この大崎合戦によって、義光と政宗は戦争状態になった。政宗の母であり、義光の妹であった義姫は、伊達領と最上領の中間にあたる中山口に輿で乗り付け、両者に和解を懇願し、中山口に八〇日間も居座ったために、結局、両者が折れて、講和することになったことは先に述べた。それにより、泉田重光は無事に解放されたのである。

（前略）このたび、氏家弾正が伊達へ参ったので、その郡の様子、気がかりに思っていたところに、皆が義隆へ無二の奉公をするとのことを承って、満足しています。(中略)このたび、大崎の名跡が存続するもしないも、ひとえにあなた方家臣の支えによります。義光も、大崎氏が滅亡するようなら、大崎氏と前後に相果てる覚悟です。(中略)

二月十三日　　　　義光(香炉形黒印)

沼辺殿

右の史料は、義光が大崎義隆の家臣の沼辺《ぬまべ》氏に宛てて天正一七(一五八九)年二月に出した書状である。興味深いのは、傍線部分で、大崎氏へひとかたならぬ支援を表明している点である。こうした義光と、大崎氏の家臣化を目指す政宗との利害対立は、簡単に解消できるものではなかった点は注意されよう。

第二節　義光の花押

ところで、義光の戦国大名としての成長と共に、支配領域も広がり、配下の家臣も数を増していった。それに伴い、発給文書の面においても、大きな変化が起こっていった。判物《はんもつ》や印判状《いんばんじょう》の発達である。すなわち、書状や命令書を本人が書くのではなく、書記役(右筆《ゆうひつ》と言う)が書いて、本人は花押《かおう》(サイン)や印章を据える文書の発給が増えていった。古文書学では、そうした花押の据えられた文書を判物と言い、印章の据えられた文書を印判状と言う。

そこで、まず義光の花押が据えられた文書から分析していこう。

義光の花押については、図のような、AからEの五種類あることが明らかにされている（武田喜八郎、二〇〇七）。ただし、E型は、後述するC型印判と併用される場合もあるとされてきたが、これ自体花押ではないかもしれない。さらに、B型、C型はB1、B2型、C1、C2型に細分する見解も出されている。筆者はすべての史料の原本調査を試みたが、『山形市史』編纂の時点では原本が見られたのに、散逸してしまって現在では見ることができないものもある。その場合は、そうした区別はせずに、ただBとかCとかといった具合に表記している。また、花押が据えられていたと判断できても、いずれか不明の場合は、Fと巻末表に記した。

A型花押は、第一三代将軍足利義輝《あしかがよしてる》や第一五代将軍足利義昭《よしあき》の花押と似ており、それは義光が「出羽国之御所山形殿」としての伝統的な立場を意識していたからだとする説もある（安部俊治、二〇一四）。A型花押が足利義輝や義昭の花押の影響を受けているのは確かであり、それは義輝から「義」の一字を拝領し、かつ、先述したように室町幕府の羽州探題の継承者としての自覚に基づくのであろう。

B～E型花押は、「出羽」の字を合わせてデザイン化したものと考えられている。それも、本来は羽州探題の継承者を意識したものであろうが、室町幕府滅亡後は出羽守を意識していたであろう。

花押の五型式

図1　A型

図2　B型

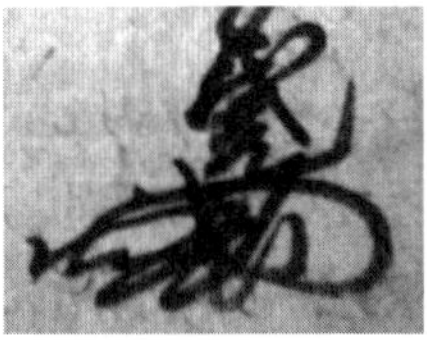

図3　C型

図4　D型

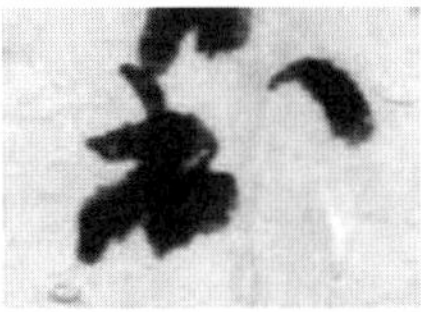

図5　E型

さて、義光の花押が据えられた文書は、巻末に掲げた「最上義光関連文書」のように永禄一三（一五七〇）年正月日付けの最上義光言上状以来、七一例が伝存している。しかし、注目すべきことには、その大部分は書状であり、知行宛行《ちぎょうあてがい》、安堵、起請、感状などを内容とするいわゆる判物は、一二例という点が注目される。その花押はA型・B型・C型・E型である。

判物の代表と言える知行宛行状は、義光が元亀元（一五七〇）年に家督を襲名して以後は数多く発給されたと考えられる。例えば、先述した元亀三（一五七二）年三月一七日付け荻生田弥五郎《おぎゅうだやごろう》宛ての最上義光判物がある。それによれば、義光は荻生田弥五郎に「妙見寺之内仁千苅、飯田之内千苅、妙見寺内畠一貫地」の土地を宛行《あてが》っている。それには、義光はA型花押を据えているのである。妙見寺、飯田ともに村山盆地内、すなわち現在の山形市内で、最上氏の本領中の本領と言える。

その後は、次の二つの史料のように、慶長七（一六〇二）年七月二三日付けで里見《さとみ》（東根《ひがしね》）景佐《かげすけ》に出したC型花押の判物まで、管見では判物は見られない。

今度の奉公が比類ないものであったので、東根の地の田畠合わせて六千石、ただし（年貢率は）半物成、畠は四分の一、千石分、永代に知行いたすべきである。よって件《くだん》のごとし。

慶長七年

七月廿三日　義光（花押）

里見薩摩殿

（「里見家文書」）

すなわち義光は、このたびの里見景佐の奉公が比類ないものであったので、東根の田畠六千石の永代知行を認めている。田は五〇〇〇石で、その年貢率は半物成＝五〇％、畠は一〇〇〇石で、年貢率は四分の一＝二五％であった。

東根の地内、田畠合わせて参千石。ただし十《(半カ)》物成、畠は四分一、九百石。倉納に申し付ける。代官へ申すように。よって件のごとし。

慶長七年

七月廿三日　　義光（花押）

里見薩摩殿

（「里見家文書」）

右の史料では、東根の田畠三〇〇〇石の管理を任せている。田は二一〇〇石で、その年貢率は半物成＝五〇％、畠は九〇〇石で年貢率は四分の一＝二五％であった。それらの年貢の最上家への蔵納を命じている。

前者の史料では、田畠合わせて六〇〇〇石が里見景佐に宛行われている。後者の史料では、義光の東根における蔵入地《くらいりち》（義光の直轄地）三〇〇〇石の管理を里見景佐に任せている。

里見氏は、東根氏とも言い、『最上義光分限帳』によれば、知行高一万二〇〇〇石だった有力家臣である。里見景佐は、慶長六（一六〇一）年の酒田城攻めに際して軍奉行を務めるなどの軍功を挙げて、庄内再奪取に貢献した。「今度の（里見景佐の）奉公」とは、そのことであろう。

また、次の史料のように、A型花押の判物が慶長八（一六〇三）年、慶長一五（一六一〇）年に出されている。

千石事、扶助する。永く領知しなさい。よって件のごとし。
慶長八卯
四月十一日　　出羽守
義光（花押）
平清水下野（義行）殿
（「平清水文書」）

すなわち、義光が平清水下野《ひらしみずしもつけ》（義行《よしゆき》）に対して一〇〇〇石の土地を永代に授与している。

村山郡内三千石事、山林共に扶助する。永く領知しなさい。よって件のごとし。
慶長十五庚申六月廿六日　　最上出羽守
義光（花押）
平清水下野（義行）殿
（「平清水文書」）

すなわち、義光が平清水下野に対して村山郡内の山林を含む三〇〇〇石の土地を永代に授与している。

宛名の平清水氏は、四〇〇〇石もの土地を義光に与えられた有力家臣である。平清水氏は『最上義光分限帳』には見えない。しかし、武田喜八郎氏のご教示によれば山形市内の長源寺《ちょうげんじ》に伝わる『最上義光分限帳』には見えるという。ただ、残念なことに長源寺の『最上義光分限帳』は所在不明で見ることができなかった。

ところで、それらA型花押の捺された「平清水文書」については、A型花押が慶長八(一六〇三)年、慶長一五(一六一〇)年と遅い時期に使用されており、偽文書とする説もある。その可能性もあるが、ここでは、そうした偽文書が作成された背景には、有力家臣への知行宛行には花押を据えるべき、という意識があったことが読み取れるであろう。

義光の判物は、以上の史料などを合わせても一二例しか管見に及んでいない。それは史料残存の偏りもあるにせよ、天正期以降には、支配領域の拡大と家臣数の増加、官僚機構の整備も進んだ結果、印判状が判物よりも多数出されるようになっていったことがあるのは確かであろう。

だが、印判状が出されるようになったからといって、判物が完全に出されなくなったわけではない。実際、先に示した史料のように、慶長期になっても、義光は里見氏、平清水氏といった有力家臣に対しては判物を出している。一般的に言って、印判よりも花押のほうが発給者の人格性を表しており、印判状よりも判物のほうが厚礼とされる(佐藤進一、一九九七)。それゆえ、義光も有力家臣には判物を出し続けたのであろう。

去年以来、そちらに相詰め、万事心許なく思っています。さて、酒田も事が済み、残るところもなくなりましたので、急いで庄内に下るつもりです。本多佐渡守（正信）へも御意を得ているので、気遣いは無用です。修理（義康）へも暇乞いを申すつもりです。恐々謹言。
眼病のために花押をいたしません。

六月廿一日　　義光

下勘七郎とのへ

（「下文書」）

右の史料は、義光が慶長六（一六〇一）年六月二一日付けで尾浦《おうら》城（山形県鶴岡市）の城代下《しも》次《じ》右《え》衛門《もん》（吉忠《よしただ》）の養子下勘七郎《かんしちろう》に宛てた書状である。慶長五（一六〇〇）年九月の長谷堂《はせどう》城合戦の勝利以後、義光は庄内奪還のために降将下次右衛門に嫡男の義康《よしやす》を付けて軍勢を派遣したが、本史料は最上軍が庄内一帯を平定し、義光自身も庄内へ下向する旨を伝えた書状である。義光は庄内を自分の隠居所にしようと考えていた。

下勘七郎は二〇〇〇石を賜るほどの有力家臣である（『新編庄内人名辞典』）。これは書状の場合であるが、「眼病のために花押をいたしません」と花押を据えなかった理由を末尾に書いている。書状ですら有力家臣に出す際は花押を据えるべきという意識があったことが推測される。

なお、下勘七郎については、第三章・第四章でも述べたい。

ところで、紙の用法に注目すると、基本的には竪紙《たてがみ》の判物から折紙《おりがみ》の判物へ変化していることに気づく。竪紙というのは紙一枚をそのまま使う用法で、折紙というのは一枚の紙を横に折って使う用法である。

A型のものは竪紙（巻末表の1、2、6、130）と横折紙（122）のものがある。B型のものは横折紙のみ（82）。C型のものは竪紙（86）、横折紙（119、120）、牛王宝印《ごおうほういん》が一例（96）、E型は横折紙が一例（293）ある。

竪紙と横折紙とは、竪紙のほうが横折紙よりも厚礼とされる。まず、竪紙の判物が出され、のちに横折紙の判物へと変化していったことは言えるであろう。その背景に、義光の戦国大名としての成長、権力基盤の確立があったことは想像に難くない。次に、義光の発給した古文書のうち、印判状に注目してみよう。

第三節　義光の印判

読者の皆さんにも経験があるかもしれないが、儀礼的な手紙の返事などは、手書きが一番良いのはわかっていても、数が多いと印刷を頼んだりパソコンで書いたりしてしまう。もっとも、目上の方などには自筆で書くだろう。戦国大名も同じであり、自筆で書くのは稀なことで、サインの部分だけは自筆（花押）というのが多い。しかし、発給文書が多すぎると、それすら判子になるわけだ。

特に、支配領域の拡大、家臣数の増加に伴い、判子による文書発給が要請されていった。義光も同様で、天正五（一五七七）年以降は印判状を出していく。

こうした最上義光の印判についても、『山形市史　中巻』の優れた先行研究がある。それによれば、朱印《しゅいん》がなく黒印《こくいん》ばかりであることや、黒印に三種類のものがあることが明らかにされた。しかし、その後に伝馬印《てんまいん》が発見され、義光の印判は四種類あることがわかっている。伝馬印というのは、義光の使者に駅屋で秣《まぐさ》や馬などの提供を命じる文書に捺された印章である。

その四種類というのは、A型、B1型、B2型、C型とD型である。A型とは、図6のようなもので、B1型とB2型は、図7と図8、C型は図9、D型は図10の印判である。

A型は、一見してB型とC型とを併せたような印判であることが注目される。すなわち、B型のような香炉《こうろ》形（鼎《てい》形とも言う）をデザイン化した印判で、両端に「出羽」「山形」、中心部にはC型の楕円形に「七」と「得」の文字がある。

A型で管見に及んだものは、「専称寺文書」の天正九（一五八一）年八月五日付け最上義光知行宛行状と、無年号（天正一九年ヵ）九月三日付け書状の二点のみである。

天正九（一五八一）年八月五日付けの文書は、その形態は竪紙で、内容は以下のようなものである。

印判の四型式

図６　A型

図７　B１型

図８　B２型

図９　C型（小黒印）

図10　D型

山辺南分の内、仁千束仁百五十苅を取り置かせる。末代に至るまで知行しなさい。

（A型黒印）
天正九年辛巳八月五日
神主八郎殿

（「専称寺文書」）

この史料は本章第一節でも紹介済みであるが、義光が神主八郎に対して、山辺南分の二二五〇苅の土地の末代に至るまでの支配を認めたものである。つまり知行宛行状で、主従制関係において最も重要な事柄を扱っている。以上のように、A型の印判状は、当初は判物でなされた知行宛行にも使われている。

B型の二つの印判は、ほとんど似ているが、『山形市史　中巻』で論じられたように、七の文字の太さなどに相違がある。それゆえB1型とB2型と二つに分けられている。

B型の印判は、表のように天正五（一五七七）年の白鳥長久《しろとりながひさ》宛て義光書状（3）以降に見られる。B型印判の据えられた義光文書で、管見に及んだものは五〇例がある。武田喜八郎氏は、B型印判状は、B1型、B2型ともにいずれもほぼ同数の使用が見られ、内政・外交で使い分けられたとは考え難い、とされてきた（武田喜八郎、二〇〇七）。しかし、B1型は一八例、B

2型二三例、いずれか不明九例である。

このように、不明が九例あるが、B2型のほうが多い点は注意される。また、時期的には、天正一五（一五八七）年一〇月を画期として、例外はあるにせよ、それ以前にはB1型、以後はB2型が捺されている。例外はいずれも年欠文書であり、B2型が使用されていることから、その年代を天正一五（一五八七）年一〇月以後と訂正すべきかもしれない。安部俊治氏はB1型を前期鼎型印章、B2型を後期鼎型印章とされるが（安部俊治、一九九九）、ほぼそれは支持できよう。この天正一五（一五八七）年一〇月とは、義光が庄内を一時的に支配した時期である。以前にも増して数多くの印判状が出されたはずで、B1型の印判に代えてB2型印判が使われるに至ったのかもしれない。

次に注目されるのは、B型印判の据えられた文書の大部分は書状で、宛行状、寄進状などの、いわゆる印判状は五例しかない点である。すなわち、後述のC型と比較してB型は書状に多く用いられたようである。この点は注意すべき事柄であろう。

C型は、楕円形に「七」と「得」の文字がある小黒印である。この七得は、七徳のことであろう。すなわち、中国の「春秋左伝」宣公一二年（紀元前五九七年）によれば、武の七つの徳を意味するという。その七徳とは、暴を禁じ、兵を治め、大を保ち、功を定め、民を安じ、衆を和せしめ、財を豊にすることである（『日本国語大辞典』小学館、二〇〇一）。C型はA型の中心部であり、B型の「七」も七徳のことである。義光は、そうした武の七徳を理想にしたのであろう。

C型は、巻末表のように天正九（一五八一）年九月一二日以降、慶長一八（一六一三）年七月二五日まで発給されているのが確認されている。すなわち、義光文書の全体を理解する上で鍵となる印判である。C型は種々の用途に用いられている。本書では小黒印とも表記する。管見に及んだものは、C型は一六九例と、印判の据えられた文書の中では最も数多く発給されたであろうことがわかる。

D型は、A～C型とは大きく異なり、文字は「山紀櫪」とある。山は山形、紀は道、櫪《れき》は飼葉桶《ばおけ》、または馬小屋の意味である。D型は、伝馬印で大沼大行院に伝わった慶長五（一六〇〇）年四月日付け文書（伝馬印証、「大沼大行院文書」）に見られる。この伝馬印判状については、鈴木勲氏の研究が詳しいので、詳しくはそちらに譲る（鈴木勲、一九七八）。こうした伝馬印判状は数多く出されたはずだが、現在は二例しか知られていない。ほかの一例にはB型の印判が捺されている。

ここで、特に問題とするのは、A型とB型とC型との関係である。A型は、先述のように天正九（一五八一）年八月五日のものと無年号（天正一九年ヵ）の文書の二点しか残っていない。また、B型は、天正期（一五七三～九二）に限って出されたと考えられている（武田喜八郎、二〇〇七）。他方、C型は、天正九年九月以降に見られ、慶長期まで出され続けている。しかしそれは、単なる史料残存の偏りの結果とも考えられ、以後も、A型やB型の黒印状が出された可能性は残る。実際、文書ではないが、光明寺に寄進された「遊行上人絵《ゆぎょうしょうにんえ》」には、文禄三（一五九四）年七月七日付けで義光のB2型印判が据えられており（最上義光歴史館、二〇一三）、一見すると、B型は天正期に限って発給された、ということには問題があるのかもしれない。しかし、「遊行上人絵」は、義光によって文禄三（一五九四）年七月七日付けで、いったんは光明寺に寄進されたが、光明寺が一時期無住となり、火災もあったりしたので、最上家信《いえのぶ》（のちの義俊《よしとし》）に戻された。そこで、再度、家信によって寛永八（一六三一）年七月一五日付けで寄進された。この寛永八（一六三一）年の再寄進に際して書かれた寄進文言の筆跡と、文禄三（一五九四）年七月七日付けの寄進文言の筆跡とは全く同じであり、義光のB型印判が、義光歿後の寛永八（一六三一）年の再寄進に際しても捺されたと考えられる。「遊行上人絵」については、あとで詳しく触れよう。

そこで、ここでは一つの仮説を出しておきたい。すなわち、A型とB型はC型に取って代わられ、次第に発給されなくなった、と推測される。というのも、C型というのはA型・B型から分かれたと考えられるからだ。先述のように、C型がA型の真ん中の「七得」の部分であることは明らかであり、B型は「七得」ではないが、「七」がその意を表していることは明白と考える。

以上、義光の四種類の印判について見てみた。従来は、B型が注目されてきたが、それはほとんどが書状に用いられている。他方、天正九（一五八一）年九月以降、慶長期まで発給されるなど、最も使用頻度が高いC型の役割こそ大いに注目したい。それゆえ、C型印判状に注目すべきだが、それについては慶長一六（一六一一）・慶長一七（一六一二）年における庄内支配の確立と関連させて触れたい。

第四節　山形の城下町をつくる

義光は、天正一六（一五八八）年八月に、上杉景勝《うえすぎかげかつ》の後援を受けた本庄繁長《ほんじょうしげなが》勢と庄内十五里《じゅうごり》ケ原《がはら》での戦いに敗れ、いったん手に入れた庄内を失ってしまったことは先に述べた。それ以降の義光は、庄内地方の奪還に苦心しつつも、天下を統一した豊臣秀吉政権の下で、最上領支配の確立に邁進することになった。ただ、その道は決して平坦ではなかった。天正一八（一五九〇）年の秀吉による小田原征伐の際も、下手をすれば、最上家が取り潰しに遭うという危機的な状況であった。と言うのも、小田原への参陣が遅れたからである。

一、山形出羽守殿は、この十日ばかり以前に御礼申された。御進上の物は馬五足、金子百枚でした。家康の御取り次ぎでした。三松殿《さんしょう》（斯波義銀《しばよしかね》）も、ことに斡旋をなされた。

（「伊達家文書」）

本史料は、伊達政宗《だてまさむね》の家臣和久宗是《わくそうぜ》が政宗に宛てた天正一八年（一五九〇）七月一日付け書状の一部である。それによれば、義光が小田原に参陣して秀吉に挨拶を述べたのは、六月二〇日頃であったことがわかる。義光の参陣が遅れたのは、五月二七日に死去した父義守《よしもり》の葬儀などがあったからである。しかし、徳川家康や三松（斯波義銀）の取り次ぎがあって秀吉に許されたのだ。義光は馬五疋と金子一〇〇枚を贈ったという。斯波義近は、最上家もその一庶流たる斯波家の嫡流である。この件で、義光が家康の取り成しで許されたこともあって、以後、ますます家康との連携が強まっていった。

政宗も参陣が遅れ、結局、小田原落城が一ヶ月後に迫った六月五日に参陣したが、秀吉から「伊達家を取り潰す」と脅されたという。取り潰しは免れたものの、会津・仙道の数郡を没収されてしまった。実際、参陣しなかった大崎《おおさき》氏や葛西《かさい》氏らは、すべての領地を没収されたほどの厳しさであった。

文禄・慶長の役（一五九二〜九八）に際しては、秀吉の命令によって肥前名護屋《なごや》城（佐賀県唐津市）に参陣を命じられた。義光は、五〇〇名の兵を率いて名護屋に参陣している。政宗は文禄の役の際に朝鮮へ渡ったが、義光は朝鮮へ渡らずに済んだことは幸いであったと言えよう。慶長の役では両者とも軍役は免れたようだ。

以上のように、義光は豊臣政権の下で、二〇万石程度の大名として、位置づけられて活動していた。その間、義光には不満はあったにせよ、慶長五（一六〇〇）年の関ヶ原合戦まではひとまず戦争を行わずに済み、山形城下町の整備や文化事業を興していったのである。

義光と山形の文化

近年の片桐繁雄氏の研究（最上義光歴史館、二〇〇二〜二〇〇四）によって、義光が京都の文化人たちと連歌会などで連歌を嗜《たしな》むなど、文化人であった側面に大きな光があてられている。義光が参加した連歌会の連歌集が三三巻ほど伝わっており、その多さは注目に値する。義光は、京都の一流の連歌師であった里村紹巴《さとむらじょうは》らと共に、連歌を嗜んでいたのである。例えば、文禄四（一五九五）年一二月一六日の連歌会では発句《ほっく》など一〇句を詠んでいる。その発句は次のようなものである。

入月のかけやととめし雪の庭

この発句を詠んだ時期は、豊臣秀次《ひでつぐ》事件に連座して、娘の駒姫《こまひめ》が京都三条河原《さんじょうがわら》で斬首される事件があって間もない時期であり、駒姫を「入月」に譬えて句を詠んだのかもしれない。

さらに、山形の光明寺に、京都から時宗の僧侶で連歌師としても一流の一華堂乗阿《いっかどうじょうあ》を招いて住職とし、連歌を山形に広めた功績も無視できない。

義光はそうした連歌を嗜むなどの文化人でもあり、慈恩寺三重塔、羽黒山五重塔など義光によって修復を加えられた文化財や寺院は数多く、山形市内の古寺のほとんどは義光ゆかりの寺院と言える。つまり義光は、山形の文化の基礎を作った偉人とも言えるのである。

ここでは、義光の生み出した文化遺産の一例として、文禄三（一五九四）年に狩野派《かのうは》を代表する狩野宗秀《そうしゅう》（一五五一〜一六〇一）が描いた「遊行上人絵《ゆぎょうしょうにんえ》」一〇巻を光明寺へ寄進したことに注目しよう。

山形市にある時宗寺院光明寺には、寛永八（一六三一）年七月一五日付けで最上家信《いえのぶ》（義俊《よしとし》、義光の孫）によって寄付された国の重要文化財紙本著色『遊行上人絵』一〇巻がある。それは時宗の開祖である一遍《いっぺん》（一二三九〜八九）の伝記を絵と詞で書き著したものだが、第二祖の他阿《たあ》真教《しんきょう》の伝記も書かれている。しかも、一遍の伝記は四巻分に過ぎず、他阿真教の伝記に六巻分が充てられている。本絵巻のオリジナルは、一遍の弟子であると共に、第二祖他阿真教の弟子であった宗俊《そうしゅん》によって、嘉元二（一三〇四）年から徳治二（一三〇七）年の間、すなわち一遍の一三回忌を意識して制作されたと考えられている。

『遊行上人縁起絵』は、異本が多く制作されたが、鎌倉時代末の原本はなくなってしまっている。とりわけ、光明寺本「遊行上人絵」は、鎌倉時代末の写本（藤沢清浄光寺旧蔵）を狩野宗秀が書写したものであるが、それも明治時代に焼失してしまった。本絵巻は、一〇巻で全長がほぼ一七〇mという浩瀚《こうかん》なものであるが、近年、『一遍聖絵《いっぺんひじりえ》』一二巻と共に、日本美術史、仏教史研究などにおいて大いに注目されている。

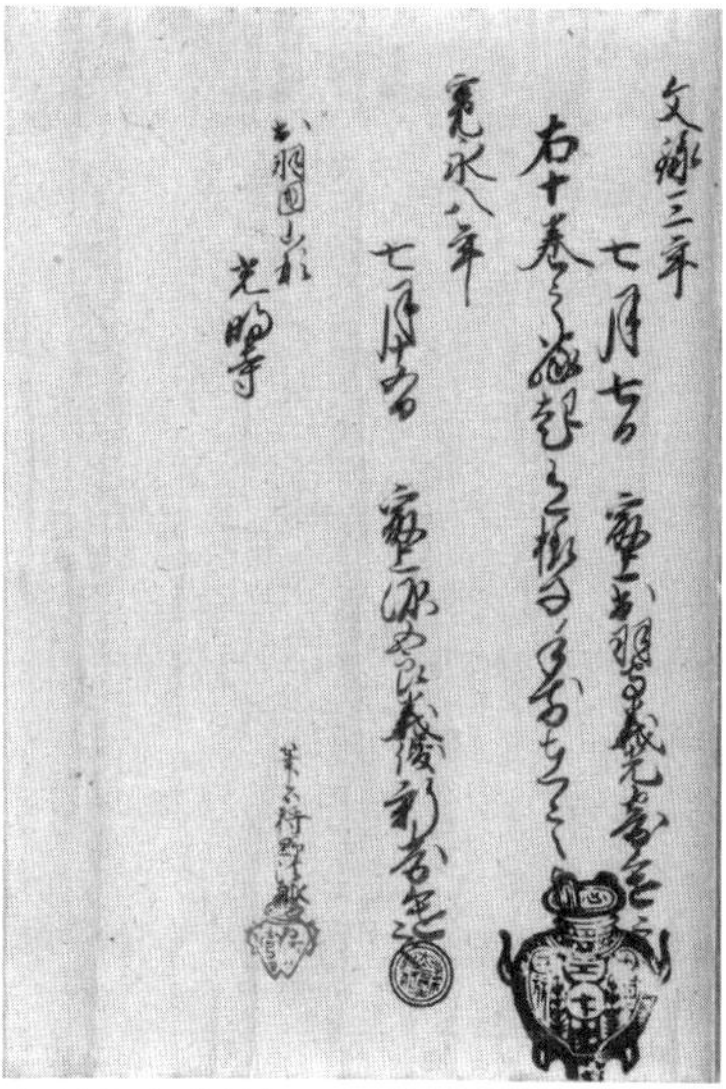

光明寺本「遊行上人絵」巻第二の奥書
（光明寺所蔵）

本絵巻には、各巻に奥書がある。それによれば、①本絵巻は狩野永徳《えいとく》（一五四三～九〇）の実弟である宗秀の手になること、②義光が制作させ、文禄三（一五九四）年七月七日にいったんは光明寺へ寄付したが、理由があって、寛永八（一六三一）年七月一五日に再度、義光の孫である家信によって再び寄付されたこと、がわかる。

寛永八（一六三一）年七月に再び寄付した家信は、その年の一一月二二日に二六歳で死去している。狩野宗秀は、兄の永徳に比べると有名ではないかもしれないが、織田信長像を描くなど当代を代表する絵師で、とりわけ文禄三（一五九四）年当時は、永徳は亡くなっており、狩野派の代表者であった。また、全一〇巻を納めた箱に記された箱書きの「絵詞伝筆者顕考」によれば、詞書きの筆者は遊行第三三代他阿上人《たあしょうにん》、すなわち時宗総本山清浄光寺《しょうじょうこうじ》の満悟上人《まんごしょうにん》であるという。満悟は、天正一七（一五八九）年に第三二代普光《ふこう》から遊行上人の位を引き継いでおり、当時において時宗の最高指導者の立場にあった人物である。

義光は慶長一九（一六一四）年一月に亡くなっているので、平成二五（二〇一三）年は義光の歿後四〇〇年にあたった。本絵巻は、平成元年（一九八九）に奈良国立博物館に寄託され、普段は見ることが困難であるが、義光歿後四〇〇年を記念して里帰りし、史上初めて、全巻が山形市の最上義光歴史館で展示・公開された。フル・カラーの図録『重要文化財光明寺本　遊行上人絵』（最上義光歴史館、二〇一三）も作成され、販売されている。

依頼主の義光は、秀吉時代には二〇万石ほどといわれるが、実高はそれ以上であり、光明寺本「遊行上人絵」は、言わば義光の栄華の産物の一つである。

ところで、本絵巻には謎が多い。そもそも、なぜ義光は文禄三（一五九四）年七月七日に光明寺へ寄付したのかという理由がはっきりしなかった。遍照山光明寺は、最上氏の祖斯波兼頼《しばかねより》が隠居した庵に由来する寺院である。祖師絵伝などの制作は、通常、遠忌を期する場合が多い。例えば、『遊行上人縁起絵』とは別系統の『一遍聖絵』は、聖戒《しょうかい》が一遍の一〇周忌に合わせて作成したものである。

それゆえ、まずは光明寺の開基斯波兼頼の遠忌に関わるのかと思われる。しかし、斯波兼頼は康暦元（一三七九）年六月八日に死去しているので、年月日ともに関係はなさそうである。

そのために謎とされてきたのである。そこで、次に注目されるのは、光明寺のほうで、そういう寺宝を贈られるに足る盛大な祝儀があったのではないかということである。例えば、建物が新築されたとか、新住持が入ったといったことだ。実際、そういう目で光明寺の歴史を見直して見ると、極めて興味深いことがわかる。

ところで、光明寺の歴史を書いた『光明寺由来記』というものが光明寺にある。それによれば、「光明寺十七世俊山和尚が、文禄年中に当所に引き、開山兼頼公尊骨ならびに代々の遺骨を移し、今霊屋を建てる」という記事があるのが注目される。光明寺は、かつては城内の本丸または二の丸内にあったが、第一七世の其阿俊山の時代の文禄年間（一五九二～九六）に、そこを出て、山形城二の丸東門の前に移転したという注目すべきことがわかる。また、兼頼および代々の遺骨も移し、霊屋を建てたという。

それゆえ文禄年間は、光明寺が本丸または二の丸から、二の丸東門の前あたり（現在の山形美術館・最上義光歴史館あたり）に移転し、御廟所も新築されるという画期的な時期であったのだ。

また、光明寺の『光明寺世代記』によれば、其阿俊山について、当山の一臈として、天正一九（一五九一）年より慶長六（一六〇一）年まで一一年居住したことがわかる。また、光明寺に伝わる文禄三（一五九四）年正月二八日付けの義光が光明寺に宛てた書状も注目される。それによれば、義光は、住職が寺領を直々に支配されるのはもっともであることと、在家（家を指定して、そこから寺役を取る権利を認めた）も住持の支配下にあるべきことを認めている。義光は、光明寺が本丸を出て新築されるにあたって、最上家の直轄の寺院から、寺領・在家を与えられた独立した寺院への転換を認めたのであろう。光明寺は、一七六〇石の寺領を貰っている。これは当時の時宗教団内の寺院で最大の寺領であった。

さらに注目されるのは、文禄三（一五九四）年五月に義光が、以下のような禁制《きんぜい》を下していることである。

一、寺中狼藉の事。
一、殺生人入れざるの事。
一、山林竹木猥りに伐採する事。
右の条々堅く禁断せしめ候。もし違犯の輩これあらば、罪科たるべき也。
文禄三年五月

すなわち、寺内狼藉や殺生人の乱入、竹木伐採が禁止され、違反した者を罰することが規定されている。本丸あるいは二の丸内にあった時には、そうした違反を心配する必要はなかったが、その外に出れば、そうした心配が出てくることになる。

以上のような記録、書状、禁制などから判断すれば、光明寺が本丸または二の丸を出ることになった文禄年間とは、文禄三（一五九四）年頃で、とりわけ禁制が掲げられた五月頃には建物は建設されていたことになる。とすれば、文禄三（一五九四）年という年次が寄付の年次として選ばれたのは、光明寺の本丸または二の丸から二の丸東門前の地への移転による新築という一大慶事があったからであろう。

では、兼頼の忌日である六月八日ではなく、七月七日に寄進したのはなぜであろうか。七月七日は七夕の節句の日である。それゆえ、七夕の節句に合わせて寄付したと考えられる。しかし重要なのは、七月七日という日は、民俗学上は精霊を迎えるための準備をする日とされている点だ。『日本史大事典』（平凡社）によれば、七夕とは、民俗学的には盆の一部で、祖霊を迎える盆祭の準備をする日であった。

とすれば、本丸から兼頼以下代々の骨を移し、霊屋を造った光明寺にとって、七月七日は盆入りの先祖供養に最適な日付けであったことになろう。

もっとも、推測に過ぎないが、七月七日は兼頼の忌日である六月八日に近く、その日に間に合わせようとしたが、結局、納入が遅れてしまったのかも知れない。そのために次善の策として七月七日にしたのが本当の理由かもしれない。

次に問題となるのは、なぜ寛永八（一六三一）年七月一五日付けで最上家信《いえのぶ》が再び寄付を行ったかである。先述の『光明寺由来記』によれば、光明寺は無住になった時期があった。俊山は慶長六（一六〇一）年まで住職を務めた。その跡を受けて、慶長六（一六〇一）年には、当代一の連歌の名匠一華堂乗阿が住職となったが、慶長一〇（一六〇五）年に京都へ戻り金光寺《こんこうじ》へ入ったという。そのために、それ以後、光明寺は寛永三（一六二六）年までは無住となった。とりわけ、元和三（一六一七）年三月八日には山形の大火により、光明寺も焼失した。そこで、元和三（一六一七）年から寛永三年までの遊行上人廻国の際に、いったんは家信に返されたとある。

ところが家信が、寛永八（一六三一）年七月一五日付けで再び寄付を行ったのは、寛永五（一六二八）年に家信の蟄居《ちっきょ》処分が解かれたからであろう。後述するように、元和八（一六二二）年の最上家改易に際して、家信は改易の責任を問われ、蟄居処分を受けていた。それが、寛永五年に解かれたことが第一の背景であろう。寛永三年には光明寺に新住持も入っていたので、盆である七月一五日に再度、寄付することにしたのであろう。また、寛永七（一六三〇）年は義光の一七回忌なので、それも意識していたかもしれない。

第五節　駒姫惨殺

豊臣政権の下で、戦国大名としての実力を蓄えつつあった義光にとって、一大悲劇が起こった。関白豊臣秀次《ひでつぐ》の謀叛事件に連座して、娘の駒姫《こまひめ》が殺され、正妻の大崎殿《おおさきどの》が死去するという悲劇である。

秀次といえば、囚人に対する試し切りや鉄砲の試し撃ちなどによって、宣教師のルイス・フロイスなどから、暴君として知られるカリグラ帝（在位三七〜四一年）やドミティアヌス帝（在位八一〜九六年）のごとき存在と評されるなど、悪名高き人物であった。

ただし、秀次を自害に追い込んだ秀吉側から、そうした悪評をことさら吹聴されたのも確実であり、そうした評価も割り引いて考える必要がある。

最近の藤田恒春氏の研究では、叔父である秀吉によって翻弄された憐れむべき人物としての秀次像が提示されている。天正一九（一五九一）年には関白にまで昇り詰めたにもかかわらず、文禄二（一五九三）年に秀頼《ひでより》が誕生すると、次第に秀吉との関係が悪化し、結局は謀叛の疑いで高野山《こうやさん》に追放の上、自害させられた。まさに、天下人秀吉に人生を弄ばされた人物と言って良いであろう。秀頼に関白職を譲るように、秀吉に脅迫された秀次の胸中を思えば、その苦悩の大きさは推して知るべきで、先のような異常行為も理解できないわけではない、と言うのである。

それはともかく、先述のように、文禄四（一五九五）年に、義光の娘である駒姫は秀次に嫁いだ。天正一九（一五九一）年に九戸《くのへ》の乱の仕置きのために、奥羽へ来た際、義光を訪ねた秀次が見初めたのかもしれない。

罷り下る刻み、尾州へ参上致し候（中略）
一、中納言様へ、御意に入り候御馬、上げ申したきよし存じ、相尋ね申され候へども、よき馬御座なく候間、是非なく存じ候ながら、葛西・大崎の躰、相済まざる仕合に候条、定めて御出馬たるべく候。その砌、御馬一疋用意仕り、相待ち申すべくと存じ候事。

右の史料は、天正一九（一五九一）年五月三日付けの義光書状の一部である。年欠文書で、宛名の部分が切断されていたが、尾張領主となっていた秀次に宛てた書状である。

内容は以下の通りである。まず、義光が山形へ帰国する途中に尾張の秀次を訪ねた。義光は、馬を中納言様（秀次）に贈りたいと思って探したが、良い馬がなくて残念に思っていたところ、葛西《かさい》・大崎《おおさき》一揆平定のために、秀次の出馬があるはずなので、その際に馬を一匹用意して待っていたことがわかる。この書状によって、義光が秀次との良好な関係を保とうとしていたことが読み取れる。

天正一八（一五九〇）年七月に小田原北条氏の討伐に成功した秀吉は、奥羽仕置きを行ったが、小田原へ参陣しなかった葛西晴信《はるのぶ》、大崎義隆《よしたか》、石川昭光《いしかわあきみつ》、白川義親《しらかわよしちか》らは領地を没収された。それを不満として、葛西・大崎の旧家臣らによる一揆が起こり、一応平定されたものの、問題はくすぶり続けていた。翌天正一九（一五九一）年三月には、北奥羽の九戸政実《くのへまさざね》と南部信直《なんぶのぶなお》が交戦するという事態が生じ、同年六月には徳川家康・豊臣秀次が仕置きのために出馬することとなって、九月四日に九戸の乱は平定されている。その後、一〇月初めには、秀次は帰国の途中に山形を訪ね、義光は馬だけでなく、駒姫をも献上することになったのであろう。

駒姫が何歳で京へ上ったのかはっきりしないが、秀次と一緒になれた時間はほんのわずかであったという。秀吉によって、秀次は「謀叛」の罪で文禄四（一五九五）年七月に高野山へ追放され、自害させられたのである。この秀次事件に連座して、駒姫は、ほかの秀次の妻子ら三〇余名と共に、文禄四（一五九五）年八月二日に京都三条河原《さんじょうがわら》で処刑された。さらに、義光の

豊臣秀次の首級の前で処刑される側室たちの様子（瑞泉寺所蔵「秀次公縁起」）

正妻で駒姫の母と考えられる大崎殿は、駒姫死後の一五日（二七日《にしちにち》目）後の八月一六日に亡くなっている。義光は駒姫の首を求めたが認められず、首は三条河原に畜生塚を掘って埋められた。その上、義光は秀次の謀叛に関係していたのではないかと疑われたが、これまた徳川家康の取り成しで助かったという。後述のように、文禄四（一五九五）年八月一三日付けで、嫡男義康《よしやす》と二男家親《いえちか》は、義光が助かるように祈願状を出したほど、危機的な状況であったのは確かであった。

　現在、畜生塚の上には、秀次以下、駒姫も含めて殺された人々の菩提を弔うために瑞泉寺《ずいせんじ》が建てられている。義光は駒姫の菩提を弔うために、専称寺《せんしょうじ》を高擶《たかだま》（天童市）から山形城下に移している。

ここに、罪もない娘を惨殺され、妻も失った義光の怒りは頂点に達したはずで、秀吉に対して味方をする気持ちは失せたであろう。以後は、徳川家康とのより緊密な連携をとることになり、関ヶ原合戦の際にも家康に味方をすることになるのである。

第三章 初代山形藩主への道

第一節　関ヶ原合戦

義光の人生における大勝負と言えば、慶長五（一六〇〇）年九月の奥羽の関ヶ原合戦と呼ばれる長谷堂《はせどう》城合戦（慶長出羽合戦とも）であろう。慶長五（一六〇〇）年九月一五日の関ヶ原合戦（岐阜県不破郡関ケ原町）は有名であるが、家康方の東軍と石田三成《いしだみつなり》方の西軍の戦いは、実際には岐阜の関ヶ原のみならず、九州や奥羽などでも起こっていたのである。

義光は徳川家康を支持し、豊臣秀頼派の上杉景勝《うえすぎかげかつ》と戦うことになった。景勝は直江兼続《なおえかねつぐ》以下二万五〇〇〇名ほどの大軍勢を最上攻めに派遣したが、義光は長谷堂城で持ちこたえた。結局、義光を打倒できず、上杉軍は撤退することになる。五大老の一人で西軍の代表的人物であった上杉景勝の大軍勢を奥羽の地に足止めし、家康の勝利に貢献した義光の役割は極めて大きいものがあったと言える。そこで関ヶ原合戦と関連づけながら長谷堂城合戦を見ていこう。

慶長三（一五九八）年八月一八日に豊臣秀吉が死去した。死を前にした秀吉は、五大老（徳川家康、前田利家《まえだとしいえ》、毛利輝元《もうりてるもと》、上杉景勝、宇喜多秀家《うきたひでいえ》）・五奉行（前田玄以《まえだげんい》、浅野長政《あさのながまさ》、増田長盛《ましたながもり》、石田三成、長束正家《なつかまさいえ》）を任命し、家康らに秀頼への忠誠を求め、秀頼を中心とした政治体制の構築を遺言した。しかし秀吉の死後、家康は五大老の一人という分を超えて勢力の拡大を目指していったため、家康方と、石田三成らを中核とするグループの対立は日を追って激しくなっていった。

そうした中、慶長四（一五九九）年閏三月三日に、五大老にして秀頼の傅役《もりやく》であった前田利家が死去すると、加藤清正《かとうきよまさ》・福島正則《ふくしままさのり》ら七将による石田三成襲撃事件などが起こり、それを仲裁した家康は「天下殿」として、ますます勢威を増していった。

ところで、上杉景勝は謙信《けんしん》の甥であったが、養子となって越後を領有した。文禄四（一五九五）年、小早川隆景《こばやかわたかかげ》の隠居後に五大老の一人に任命された。慶長三（一五九八）年三月には、秀吉によって会津へ国替えとなり、会津・庄内など一二〇万石の領国を有する大大名となった。景勝は秀吉の死を知ると、同年九月には伏見に至っている。景勝は秀吉死後の情勢の変化を見ながら、翌慶長四（一五九九）年八月には帰国を願い、九月には会津へ戻った。景勝は、家康と秀頼派の対決は避けられないと判断し、領内諸城の補強を進め、武器の備蓄など戦いの準備を進めた。

こうした景勝の不穏な動きは家康の耳にも届き、家康は、弁明のために景勝の上洛を求めた。

これに対して景勝は上洛拒否で応えた。とりわけ、上杉家の家宰《かさい》であり米沢の領主であった直江兼続は、家康の侍僧西笑承兌《さいしょうしょうたい》に対して長文の返書をしたためて上洛の不可なることを伝えた。世に言う「直江状」である。

そうした景勝の態度に家康は激怒し、会津征伐を決定する。慶長五（一六〇〇）年五月のことであった。慶長五（一六〇〇）年六月一六日に家康は総大将となり、遠征軍を率いて大坂を発ち、会津へ向けて兵を進めた。義光も、それ以前には大坂から山形へと戻っている。

家康は、七月二日には江戸城へ入った。七月七日には、奥羽の諸大名に対して二一日に会津へ出陣する旨を伝え、庄内方面から進攻する者と、会津方面へ進攻する者へ、それぞれ指示を伝える書状を出している。

義光に対しては、次のような家康の書状が七月七日付けで出されている。

急いで申し入れます。さて、私の会津表出陣の儀は、来たる二十一日に相定めました、その方面の衆も同心して、御参陣してください。そこで最前に申しましたように、小国表で人衆を相待って、会津へ打ち入ってください。（中略）

家康御判

七月七日

（最上義光）出羽侍従殿

義光が、小国表から加勢を命じられた衆の到来を待って、会津に攻め入る手はずになっていたことが、この書状からわかる。

次に、同日付けで奥羽の諸将に対して出された家康の指示書を見ておこう。

一、南部（利直）・秋田（実季）・横手（小野寺義道）・六郷（政乗）・戸沢（政盛）・本堂（茂親）は最上口へ出陣すべきこと。

一、赤津（赤尾津）、仁賀保（挙誠）は庄内の押さえをすべきこと。

一、北国の人数は米沢表へ打ち出で、会津へ討ち入る際には、山形出羽守（最上義光）が先手であるべきこと。

一、南部・秋田・仙北衆は米沢の押さえをすべきこと。

一、扶持方の兵粮一万石も二万石も入り次第に、山形出羽守より借りて、米沢において扶持方に出すべきである。

七月七日　　中川市右衛門

津金修理亮

この史料は宛名を欠くが、内容からは家康が南部利直《なんぶとしなお》以下の武将に対して会津征伐に関する指示を与えたものであることがわかる。すなわち、南部利直・秋田実季《あきたさねすえ》・横手《よこて》（小野寺義道《おのでらよしみち》）・六郷政乗《ろくごうまさのり》・戸沢政盛《とざわまさもり》・本堂茂親《ほんどうしげちか》は最上口へ、赤尾津（小介川孫二郎《こすけがわまごじろう》）、仁賀保挙誠《にかほたかのぶ》は庄内へ出るよう指示がなされている。

とりわけ注目されるのは、米沢から会津へ向かう場合は、義光が先手として会津攻めを行うよう指示がなされている点である。家康は、南部利直らに義光への加勢を命じている。この指示に基づいて、南部、秋田以下の武将たちが兵を率いて集まってきた。

七月一九日には、徳川秀忠《ひでただ》を総大将として会津征伐軍が出発した。七月二一日には、家康自身が江戸城を出発した。そして二日後の二三日、家康は義光に対して次のような書状を送っている。

急いで申し入れます。治部少輔（石田三成）、刑部少輔（大谷吉継）が悪だくみをして、方々に触状を回して雑説を申しています。会津へ攻め入る儀は、まずはご無用です。こちらから重ねて様子を申し入れます。（中略）恐々謹言。

七月廿三日　　家康　御判

出羽侍従殿

この書状によれば、家康は七月二三日時点で、石田三成と大谷吉継《おおたによしつぐ》とが謀叛の計画を立案して味方を募っている旨を知ったことがわかる。そこで、義光による会津攻撃の中止を伝え、家康からの重ねての指示を待つことを求めている。

笠谷和比古氏の研究（『関ヶ原合戦と大坂の陣』）によれば、関ヶ原合戦には二段階があったことが明らかにされている。すなわち、石田三成と大谷吉継による謀叛の段階が関ヶ原合戦の第一段階である。さらに、石田らによる大坂城の三奉行（増田長盛・長束正家・前田玄以）への説得工作の成功により、豊臣秀頼を巻き込んでの家康追討を目指す段階が第二段階である。

第一段階では、石田三成と大谷吉継は賊軍に過ぎず、豊臣秀頼からの依頼を受けた家康方が討伐軍であった。しかし、第二段階になると、家康のほうが賊軍側に変化したのである。

七月二三日は、まだ第一段階に関する情報に過ぎず、家康はさらなる情報の収集を行っていたのであろう。七月二五日になると、家康は小山《おやま》（栃木県小山市）に諸将を集めて評定を開き、急遽、会津征伐を中止して、石田三成ら打倒のために西下することを決定した。

ところが、七月二九日頃には、家康も第二段階に入ったことを知り、義光に対して次のような書状を遣わしている。

急いで申し入れます。さて、上方の奉行衆が一致して、今日、矛盾したことを申してきたので、会津征伐を差し置いて、まずは上洛します。しかしながら、中納言（結城秀康）を留めて置きますので、会津方面での動きについては御相談されるのが良いでしょう。なお、あとでまた連絡します。恐々謹言。

七月廿九日　　家康　御判

この書状によれば、「上方の奉行衆」（増田長盛・長束正家・前田玄以）が変心して、家康追討を命じる第二段階になったことを伝える書状が「今日」（七月二九日）、家康の許に届いたことがわかる。

これによって、情勢はがらっと変わってしまうことになった。会津攻めのために義光へ加勢すべく山形へ来た南部以下の武将たちは、上杉景勝を征伐する大義を失うことになったからである。豊臣秀頼の命を奉じた家康の動員令であったからこそ、彼らは義光に従おうとしていたに過ぎない。

もちろん上杉景勝の許へも三奉行変心の書状は届いており、後述のように、慶長五（一六〇〇）年八月四日以降になると、景勝は自分に味方するよう、諸大名たちに書状を送り始める。南部以下の武将たちが、自領内の不安定さを理由にして、義光に帰還を続々と申し出たのも、賊軍になりたくないという気持ちからであった。この時の義光にできたのは、家康に味方し、義光らと問題を起こさない旨の誓文《せいもん》を取って、彼らに帰国を認めることだけであった。

八月一九日には、家康から南部以下に帰陣を許可する書状が出されている（『宝翰類聚』二所収、徳川家康書状）。つまり、義光は独力で上杉景勝と戦わざるを得なくなっていったのである。

ここで注目されるのは、上杉方の情勢である。

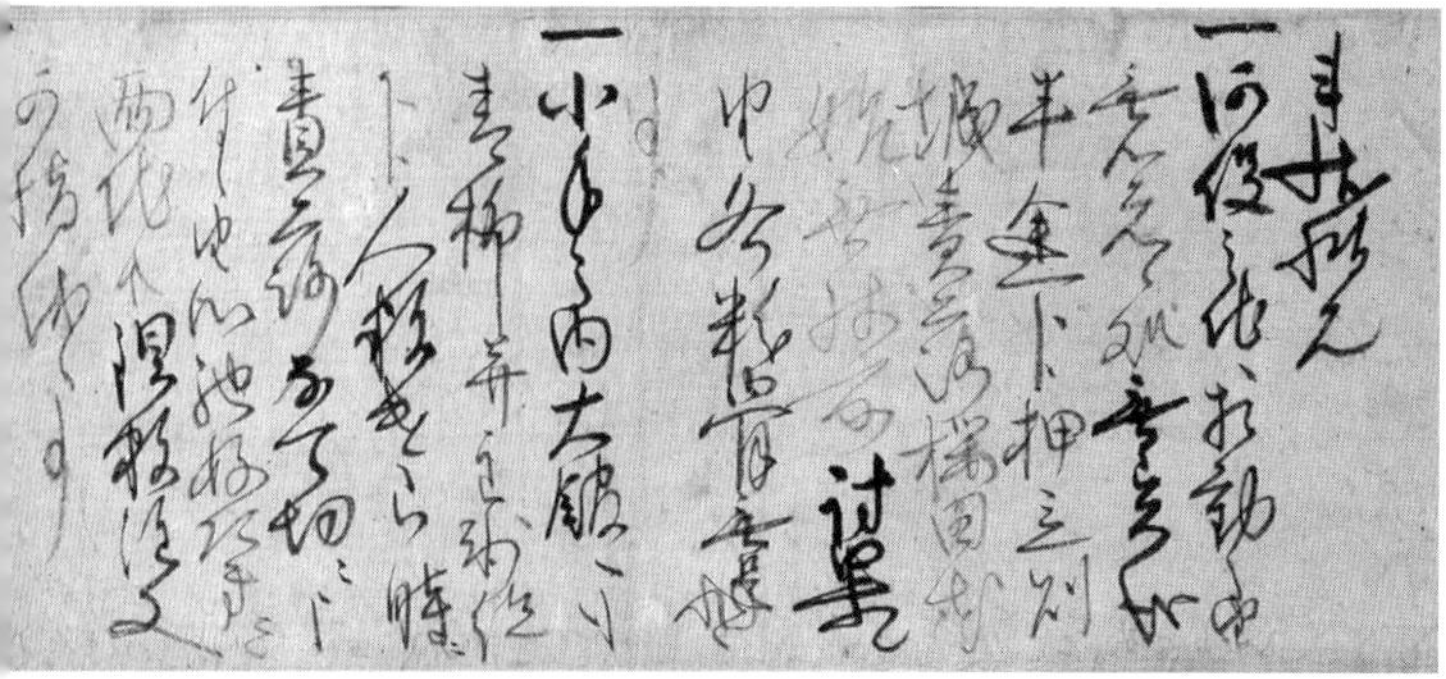

次の書状は、慶長五（一六〇〇）年七月二七日付けの直江兼続書状で、福島城衆（本村親盛《ほむらちかもり》、上泉泰綱《かみいずみやすつな》、榎並三郎兵衛《えなみさぶろうべえ》、青柳隼人佐《あおやぎはやとのすけ》）に宛てたものである。従来は、その写ししか知られておらず、伝本によって、文字の異同が多いのみならず、宛名の相違までもあった。近年、筆者が山形市内の個人宅で原史料を見出したので、ここでは写真と釈文と意訳を掲げておく。

この書状は、まさに会津征伐時における上杉方の情勢を生き生きと伝えている。

【釈文】

書状披見。

一、河俣之地へ相動之由、無心元候処、無異儀半途より押立、則城責落、桜田を始、無残所討果候由、各粉骨無是非候事。

一、小手之内大館へも青柳并主水組より人数遣、即時ニ責落、なて切ニ申付候由、心地好次第ニ候。両

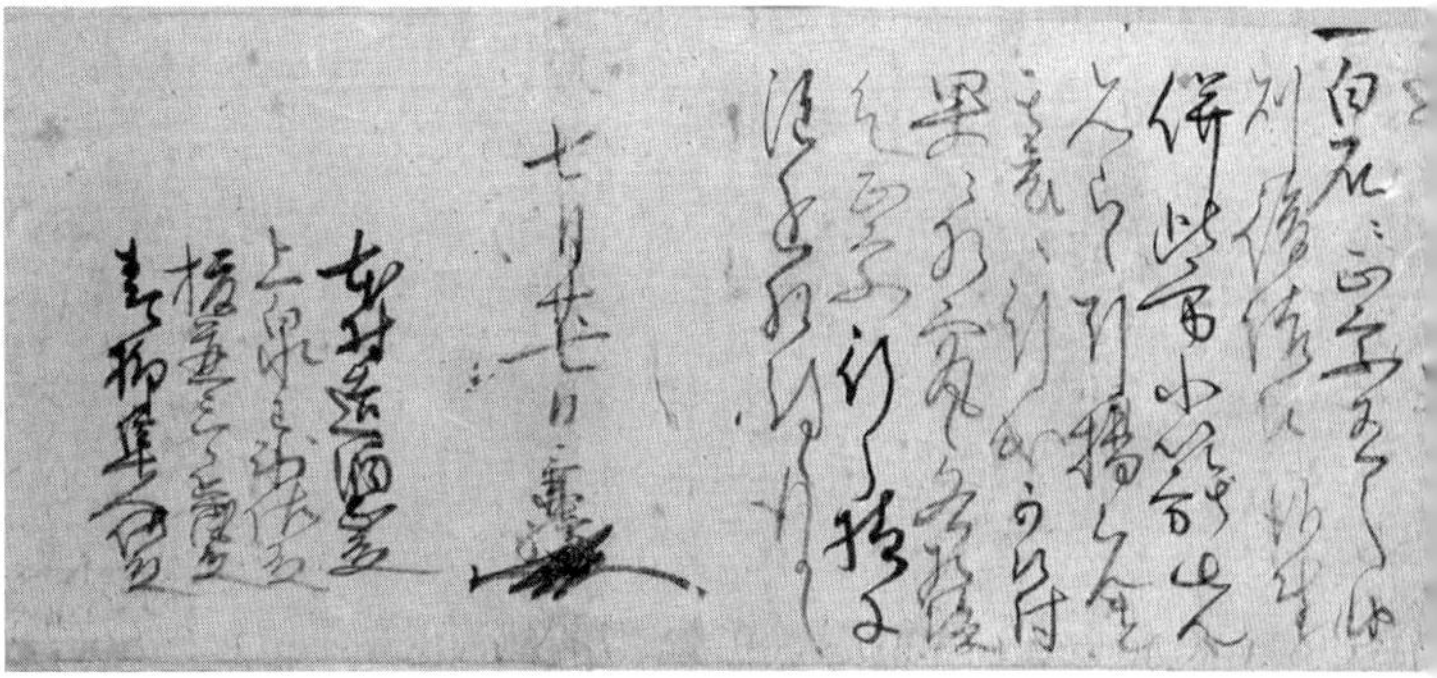

慶長5年7月27日付け直江兼続書状（個人所蔵）

地共頸数注文可指越候事。
一、白川より申来義ハ、岩付より内府被引帰之由、乍去実儀ニハ有之間敷候か、追々可申遣候事。
一、白石ニ正宗（政）有之由、則後詰被仰付候。併此方小籏先見候ハヽ、引揚げ候ハん。先其表へ引出、可被討果ニ相究候。各相凌候て、正宗（政）行之様子、注進相待候。謹言。

七月廿七日　兼続（花押）

本村造酒正（親盛）殿
上泉主水佐（泰綱）殿
榎並三郎兵衛殿
青柳隼人佐殿

（個人所蔵）

【意訳】

書状を拝見しました。

一、河俣（福島県伊達郡川俣町）へ動いたというので心配していたが、無事に途中から敵を追い立て、すぐに（河俣）城を攻め落とし、城主の桜田氏をはじめ残るところなく討ち果たしたということだ。各々の頑張りはすばらしいことである。

一、（福島県伊達郡内の）小手の内の大館にも青柳ならびに上泉主水組から人数を遣わし、即時に攻め落とし、皆殺しを申し付けたという。気持ちの良いことである。両地（河俣と大館）共に（敵の）首数を記した文書を送ってきなさい。

一、白川より申してきたことによれば、岩付（さいたま市岩槻区）から内府（徳川家康）が引き帰されたということである。しかしながら、事実ではないであろう。追々こちらから申し遣すべきことである。

一、白石に伊達政宗がいるというので、後詰（支援）を申し付けられた。しかしながら、こちら側（直江軍）の小旗を見たら敵は引き上げるであろう。まず、そちら（福島城）へ引き出し、討ち果たすように相決めた。各々が相凌いで、政宗の様子を注進するのを待っている。

（後略）

この書状によれば、上杉方は伊達方の河俣城《かわまた》（福島県伊達郡川俣町）を攻め落とし、他方、伊達政宗が白石城《しろいし》（宮城県白石市）に入っていることがわかる（白石城は、もともと伊達氏の城であったが、上杉氏が会津へ移封されてからは、上杉氏の城となっていた）。政宗は家康の会津征伐に連動して、白石を攻めるなど上杉方と戦っていた。政宗に上杉討伐中止の連絡が届いたのは八月三日であり、七月二四日には白石を攻めていたようである。政宗は、白石攻めには成功したものの、河俣城を攻め落とされたのである。

ところで先述したように、会津征伐に来ていた家康は、石田三成らの挙兵を聞き、七月二五日に小山で評定を開いて、会津征伐を中止し、石田らの討伐のために西上を開始した。ここで注目されるのは、本書状に「岩付（岩槻）から内府（徳川家康）が引き帰されたということである。しかしながら、事実ではないであろう」とあるように、直江兼続は七月二七日の時点で、家康が西上したことを知らなかった点である。このことは、次の書状からも明らかとなる。

（前略）お手紙拝見しました。白川方面から日々注進があり、内府（徳川家康）がいまだ小山に在陣しているとのよしを申しています。あなたのほうも油断なく準備が重要です。
（中略）

八月五日　　直山
　　　　　　兼続
岩備州
　御報

（『歴代古案』一一二二号）

この書状は、慶長五（一六〇〇）年八月五日付けで直江兼続が会津三奉行の一人である岩井《いわい》備中守信能《のぶよし》（「岩備州」）に宛てたものである。兼続は、白川方面から日々連絡があり、家康がいまだ小山に在陣ということなので、そちらも油断なく準備することが重要である、と伝えている。

家康は、八月五日には江戸城へ帰っているにもかかわらず、兼続の許へは、家康は小山にいるという連絡が入っており、本書状から兼続は、八月五日の時点でも家康の動静を摑んでいなかったことがわかって興味深い。

しかしながら、八月三日には、景勝の許にも大坂城の三奉行（増田長盛・長束正家・前田玄以）による家康追討の書状が届いた。すなわち、景勝は賊軍の立場から脱したのである。それ以来、景勝は守勢から反転攻勢を開始する。石田三成らは、景勝の関ヶ原参陣を望んでいたのであるが、景勝は義光討伐を目指した。

それはやはり、家康方の義光、政宗の存在があったからだと考えられる。彼らを放っておけば、会津を留守にしたその隙に、後ろから攻められる危険性が大いにあったからである。景勝は、二万という圧倒的に優勢な兵力をもって最上領に攻め入れば、短時日で最上方は降伏ないし打倒できると考え、その後、伊達氏を攻めるつもりでいたのだろう。

第二節　山形における関ヶ原合戦——長谷堂城合戦

先述のように、徳川家康自身の会津への出馬中止で窮地に陥ったのが義光であった。義光は会津攻めの準備をしていたが、中止せざるを得なくなった。と言うのも、先述した南部《なんぶ》利直《としなお》ら加勢の衆が、自分の領地内の一揆対策などを理由にして帰国を始めてしまったからだ。最上勢だけで上杉勢を相手に戦うのは、相当困難な状況であった。

お手紙を拝見しました。さて、昨日ここまで参りました。最上表へ先度攻めるべきところ、（義光が攻撃を中止するように）懇望したので延引しました。二、三日中に終わる予定です。御心配無用です。たとえ戦になったとしも、人数は不足していません。上方では所々の城が落とされているとのことで心地が良いことです。なお、重ねて申し入れます。恐々謹言。

九月四日　　　直山
兼続（花押）

甘備
御報

この史料は、直江兼続《なおえかねつぐ》が、同じ上杉家臣の甘糟景継《あまかすかげつぐ》に対して慶長五（一六〇〇）年九月四日付けで出した書状である。それによれば、上杉景勝《うえすぎかげかつ》（ここでは直江兼続）は、義光が降参しなければ最上領へ侵攻するつもりでいたが、義光が「懇望」してきたので延引している。しかしながら、二、三日ではっきりすると述べている。このことから、義光は景勝に懇望して、上杉勢の最上領への侵攻を免ぜられることを望んでいたことがわかる。

景勝は、まずは義光に対して、上杉方に味方するようにと書状を出したようである。一二〇万石の上杉勢と二〇万石余の最上勢とでは、単独で戦えば勝敗の帰趨は明らかであった。それゆえ義光が、本書状に書かれているような景勝への恭順の意を示す書状を出したことは間違いない。

このことは、慶長五（一六〇〇）年八月一五日付けの嶋津某宛ての毛利輝元《もうりてるもと》書状（「島津家文書」二）に、「東国では佐竹と最上が会津（上杉景勝）に一味」と断定していることからも読み取れる。しかし、義光の態度が面従腹背のもので、時間稼ぎに過ぎないことは景勝も了解していた。そしてついに、義光が最も恐れていたことが起こった。直江兼続を総大将として上杉の軍勢が最上領に侵攻してきたのである。慶長五（一六〇〇）年九月八日のことであった。

義光には、家康から上方での状況を伝える書状が続々と届いており、義光は上方の情勢が家康有利に運んでいることを知っていた。

急いで申し入れます。去る（八月）二十三日午の刻（一二時頃）に、岐阜城を落城させ、中納言（織田秀信）兄弟を一人も漏らさずに撫で切りにしたと注進してきました。その状を持って参り、政宗から、そちらへそれを持って参るはずです。我ら親子（家康・秀忠）も出陣いたしましたので、万事そちらもご油断なく仰せ付けてください。（後略）

（「書上古文書」）

右の史料は、義光宛ての慶長五（一六〇〇）年八月二七日付け家康書状で、家康方による岐阜城攻略を伝えたものである。織田秀信《おだひでのぶ》とは信長の嫡孫である。天正一〇（一五八二）年六月二七日の清須《きよす》会議の時には三歳だったが、当時は二一歳の青年武将に成長していた。世に「岐阜中納言」と呼ばれていた。

現代とは異なり、上方から山形まで一〇日以上かかったとはいえ、家康方の情報は義光の許に逐次届けられていた。とりわけ、この書状は伊達政宗《だてまさむね》経由で伝えられたようである。こうした情報に接して、義光は家康勝利を確信し、景勝と一人で対決せざるを得ない状況を避けるために、時間稼ぎをしていたのであろう。

しかし、九月八日には上杉勢の最上領への侵攻が開始された。その陣立ては、主力が直江兼続、中条三盛《なかじょうみつもり》、色部光長《いろべみつなが》、春日元忠《かすがもとただ》、上泉泰綱《かみいずみやすつな》、水原親憲《すいばらちかのり》ら約二万、右翼は横田旨俊《よこたむねとし》、本村親盛《ほむらちかもり》、篠井泰信《しののいやすのぶ》ら約四〇〇〇、左翼は志駄義秀《しだよしひで》、下次右衛門《しもじえもん》（吉忠《よしただ》）ら約三〇〇〇であった。

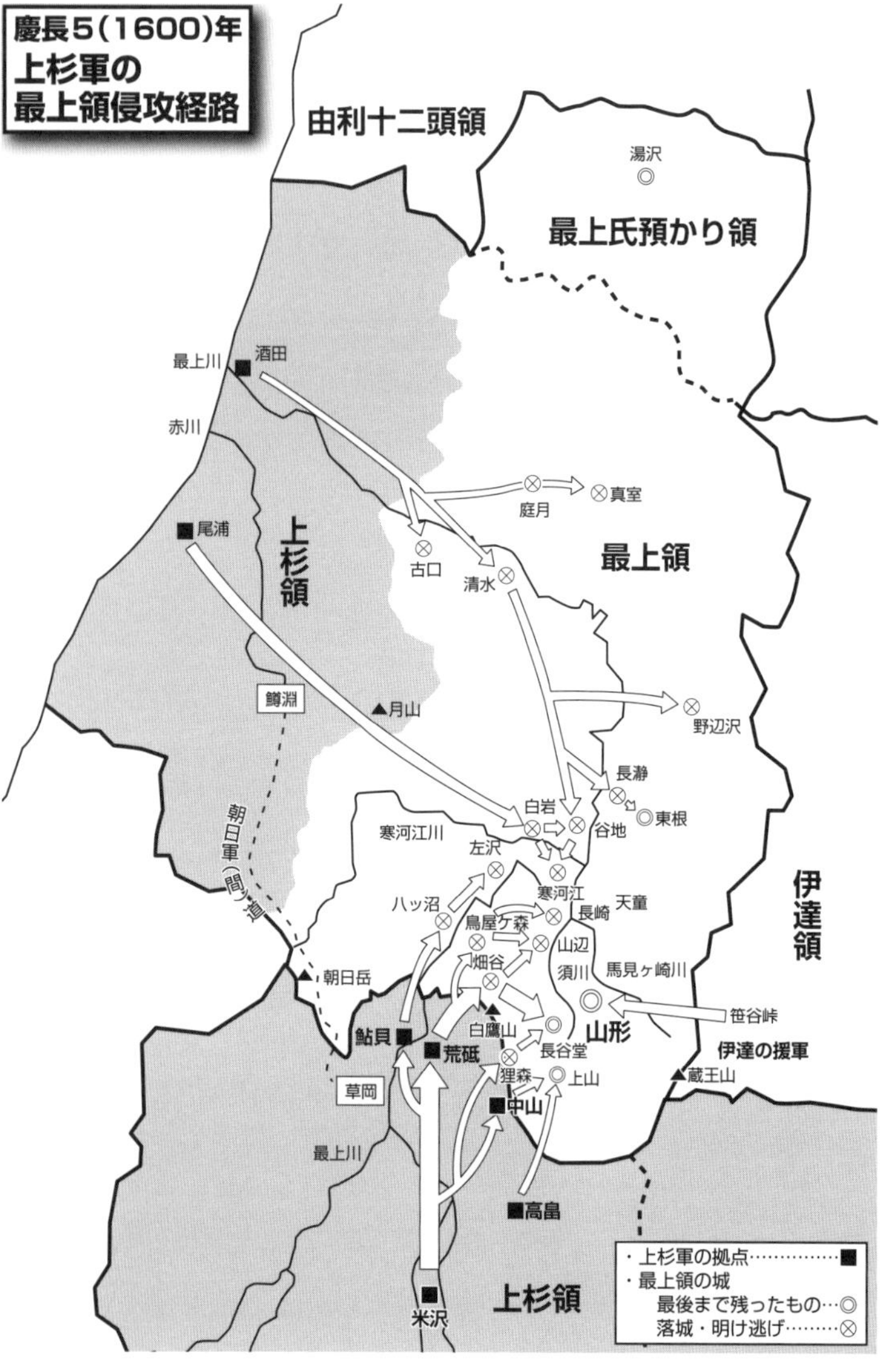
慶長5(1600)年
上杉軍の
最上領侵攻経路
由利十二頭領
湯沢
最上氏預かり領
最上川
酒田
赤川
庭月
真室
尾浦
上
杉
領
古口
清水
最上領
鱒淵
月山
野辺沢
長瀞
朝日軍(間)道
白岩
東根
寒河江川
谷地
左沢
伊
達
領
寒河江
天童
ハッ沼
鳥屋ヶ森
長崎
山辺
畑谷
須川
馬見ヶ崎川
朝日岳
笹谷峠
白鷹山
鮎貝
山形
荒砥
長谷堂
伊達の援軍
狸森
上山
蔵王山
草岡
中山
最上川
高畠
上杉領
米沢
・上杉軍の拠点……………■
・最上領の城
最後まで残ったもの…◎
落城・明け逃げ………⊗

上杉勢は、米沢方面（主力と右翼）と庄内方面（左翼）から侵攻したのである。最上勢は全部でせいぜい一万に過ぎず、それが諸城に分散して配置されていたのでは、到底、十分な戦力ではなかった。そこで義光は、兵の分散を避けて上山《かみのやま》（上山市）、長谷堂《はせどう》（山形市長谷堂）、山形の三城を集中的に守ることにした。結果論的には、この作戦が良かった。今回の戦いは、地元を守る戦いで地の利があり、かつ最上勢の士気は非常に高かった。

直江兼続率いる主力は、米沢から荒砥《あらと》（山形県西置賜郡白鷹町）、白鷹山《しらたかやま》を越える狐越《きつねごえ》街道を通って、上杉領と最上領の境界に位置する畑谷《はたや》城（山形県東村山郡山辺町）に迫った。なお、この狐越街道は狭く、大軍が行動するのには大変不便であり、のちの上杉軍の撤退作戦において、最上方にとっては大変有利に働いた。

畑谷城は、標高五四九mの館山山頂に位置し、江口五兵衛光清《えぐちごひょうえあききよ》（道連）・小吉以下五〇〇ほどの兵が守っていた。『最上記』によれば、畑谷城の守備軍は人数も少なく、義光は山形城への撤収を勧めた。しかし、江口は「常々この城の守将として私がおりますのも、このような時のためです。それなのに国内が平穏無事な時は領主となりながら、今危うきを見て城を捨てたならば皆々の笑い草となるでしょう。もとより一命を差し上げた者でございますから、この城で華やかに討ち死にし、忠義の心を死後に残しましょう」とその申し出を拒否した。江口は麓の鶏川を堰き止めて水堀を造り、上杉軍の到来に備えた。九月一二日に色部光長を先鋒とする直江軍が畑谷城に襲いかかった。直江軍は水堀の堰堤を切って堀を空堀にし、城へ駆け上った。

衆寡敵せず、江口らの奮戦にもかかわらず、翌一三日に畑谷城は攻略され、城兵は全滅した。

（前略）去る十三日に最上領畑谷城を乗り崩し、撫で切りに申し付け、城主江口五兵衛父子共、頸五百余を討ち取りました。（中略）昨十四日、最上（義光）の居城に向けて在陣しましたところ、山形近辺の城五、六ヶ所、これらも明けて逃げました。このほか二、三ヶ所は降参しました。（後略）

（「大河原文書」）

この書状は、直江兼続が慶長五（一六〇〇）年九月一五日付けで上杉家臣の秋山定綱《あきやまさだつな》に宛てたものである。兼続は九月一三日に畑谷城を落とし、敵を撫で切りにし、城主の江口光清以下五〇〇余りの首を討ち取ったと述べている。その後、義光の居城たる山形城を目指して進軍したが、途中の山形近辺の五、六ヶ所の城は戦わずして開城し、このほか二、三ヶ所も降参してきたという。上杉勢の快進撃ぶりが窺えるが、次の書状も見ておこう。

（前略）当表去十二日、幡谷（畑谷）の地に向かって出馬なされ、同十三日に攻め落とし、敵五百余人討ち捕り、そのほかに切り捨てた者は際限のないことです。（中略）幡谷を攻め落とし申し付けられて、則時に、やな沢（簗沢城）、八ツ沼、とやがもり（鳥屋ヶ森）、白岩、野部沢、山野辺、やち（谷地）、若木、長崎、さがい（寒河江）、いずれも明け捨てて逃げました。白岩の地に志田、やち（谷地）の地にしも（下）、はたや（畑谷）に色部衆、とやがもり（鳥屋ヶ森）に中条殿の衆を指し置かれました。（後略）

（「小山田文書」）

右の史料は、慶長五（一六〇〇）年九月一八日付け小山田将監《おやまだしょうげん》宛ての上泉泰綱書状であり、直江軍の有力武将であった上泉泰綱が畑谷城の戦いについて伝えたものである。

内容は、先述した秋山宛ての直江兼続書状とほぼ同じであるが、より具体的になっている。それは、すなわち、畑谷城が落ちると、最上勢は簗沢城など一〇城を戦わずして明け渡している。それは、先述したように、手兵が少ないことを考慮して、それらの城兵を山形城に集めて、山形城と長谷堂城、上山城の三城で上杉勢を迎え撃つ作戦をとるためであろう。

差出者の上泉は、新陰流《しんかげりゅう》の家元を継ぐ剣術の名人で、もとは武田《たけだ》氏に仕えていたが、武田氏滅亡後は上杉氏に仕えることになった武将である。後述のごとく、一二日後の九月二九日の戦いで殺されてしまった。

畑谷城を落とした直江兼続率いる上杉勢の主力は、長谷堂城に迫った。長谷堂城は山城《やまじろ》で、山形城から西南八㎞ほどのところに位置し、山形城を支える支城の一つであり、長谷堂城を抜かれると山形城は孤立無援となってしまう。そこで、九月一五日に義光は、嫡男の義康《よしやす》を伊達政宗に送って救援を求めた。義光の妹で政宗の母でもある義姫《よしひめ》の懇願もあってか、翌一六日に政宗は援軍派遣を決定した。

長谷堂城跡は、城山（山形市長谷堂）と呼ばれる標高二三一m、比高八〇mの丘陵に所在する。最高所にある主曲輪《しゅくるわ》は、不整方形状で、東西約六三m、南北約五三mの規模であり、整地されて平坦になっている。長谷堂城は、こうした主曲輪と鋭い切り岸を持つ多数の曲輪からなる山城であり、志村光安《しむらあきやす》が城主として守備していた。

直江兼続は、九月一九日には長谷堂城から一㎞ほど離れ、長谷堂城を見下ろせる北側の菅沢《すげさわ》山《やま》に本陣を構えた。上泉泰綱、春日元忠らはその麓に陣取っている。他方、長谷堂城の城主である志村光安は、手兵の少なさを考えて籠城作戦をとった。上方での戦における家康方の勝利に期待を込めていたのであろう。事実、長谷堂城攻防戦が始まった九月一五日は関ヶ原合戦の本戦当日であり、家康方は勝利していた。しかし、勝利の連絡がなかなか義光の許には届かなかったのだ。

一方、上杉勢の右翼部隊は、中山口から上山へ攻め入った。九月一七日、上山城を守る里見《さとみ》民部《みんぶ》は、一計を案じて、一隊を間道を通って上杉勢の裏側に回らせ、急に攻め立てた。そのために上杉勢は大敗北を喫している。大将クラスの本村親盛までもが戦死し、上杉勢は中山口まで撤退した。

しかし、庄内からの左翼部隊は、酒田《さかた》（酒田市）から最上川沿いに進んだ東禅寺《とうぜんじ》城将志駄義秀の部隊と、尾浦《おうら》（鶴岡市）から六十里越《ろくじゅうりごえ》街道を進んだ尾浦（大山）城将下次右衛門の部隊が、最上川西方の最上勢を圧倒していった。志駄義秀は六十里越街道を抑える白岩《しらいわ》城（寒河江市）を拠点とし、他方の下次右衛門は谷地《やち》城（山形県西村山郡河北町）に入った。以上のように、右翼部隊を別とすれば、数に勝る上杉勢は最上勢の激しい抵抗に遭いながらも、山形城へ迫っていたのである。

上杉勢の主力を率いた直江兼続は、長谷堂城に到達するや、一気呵成に攻め立てた。直江方には十分な兵力があり、長谷堂城は容易に落とせるはずであった。

一、一昨十五日に、長谷堂城へ向かい、戦われたところ、山形より援軍が懸かってまいりました。しかしながら、仙道衆が水常（水原親憲）の指図をもって（最上勢を）押し返し、敵三百余人を討ち、随一の者は捕えました。

（中略）

一、当地長谷堂に味方を集合させ、鉄砲を使って、陣取りをなされました。山形との間は十里あります。（長谷堂城には）人数が多く籠り、その上、戦闘の仕方が手堅く見えます。変わった儀がある場合は、こちらより申し入れます。恐々謹言。（後略）

（「小山田文書」）

対峙する最上義光（右）と直江兼続（「長谷堂合戦図屏風」（複製）の一部、写真提供：最上義光歴史館）

右の史料は、先に触れた慶長五（一六〇〇）年九月一八日付け小山田将監宛ての上泉泰綱書状の後半部分である。そこからは以下のようなことがわかる。すなわち、直江勢は九月一五日に長谷堂城へ向かい、攻め立てたところ、山形から援軍が来た。しかし、仙道衆が水原親憲の指図をもって押し返し、敵三〇〇余人を討ち取り、随一の者は捕えた。直江勢は長谷堂城に集まり、鉄砲を撃ちまくって陣取りをした。山形との距離は四〇㎞ほどである。長谷堂城は畑谷城とは異なり、敵が十分に籠っており、攻撃も統制がとれている。

この書状からは、長谷堂城へ向かった直江勢が、山形城からの援軍を討ち取ると共に、長谷堂城に対しては鉄砲を使って攻め立てたことがわかる。一方、志村光安を中心とする長谷堂城守備軍も、畑谷城とは相違して、十分な兵力で守備し、統制がとれた攻撃を仕掛けていたこともわかる。一五〇〇名ほどの兵士が立て籠っていたという。

この九月一五日の戦いに関しては、義光から長谷堂城へ援軍として派遣され、武勇を立てた鮭延秀綱《さけのべひでつな》の話を、秀綱の近臣で婿でもあった岡野九郎左衛門がまとめた「鮭延越前聞書」という史料があるので、以下詳しく見ておこう。

先述した上泉書状では水原親憲らの活躍であたかも勝利したように書かれている。一方、鮭延秀綱側の史料では、鮭延秀綱は加勢の衆三〇〇〇ほどを率い、長谷堂城の東側の深川というところに、川を越えて、川を背にして陣を敷いた。鮭延自身は少数の手勢で長谷堂城に入り、直江勢を挟撃する作戦を練った。すなわち、志村方の兵が長谷堂城から直江勢に対して討って出て、掛かり合いになったところに、直江勢の側面から最上勢の援軍が攻め立てる作戦である。それにより直江勢は、いったんは浮き足だったが、水原親憲らの活躍でようやく踏みこたえたというのが実情であったのだろう。鮭延秀綱は「敵を多数討ち取り、味方の被害は少なく、長谷堂は勝ち戦」だったと述べている。圧倒的な兵力を誇る直江勢が、以後、二週間にわたって攻囲戦をせざるを得なくなったように、一五日の戦いは直江勢にとって、最上勢より多くの戦死者を出した「負け戦」だったのであろう。とすれば、上泉泰綱書状に見える「敵三百余人」を超える死者を出したことになり、直江は作戦の練り直しをなさざるを得なかったということになる。

さらに、最上方にとって良かったことは、九月二一日には最上方に伊達政宗の援軍である留守政景の軍勢が加勢に加わり、小白川《こじらかわ》（山形大学小白川キャンパスのあたりか）、新山《にいやま》、釈迦堂《しゃかどう》に着陣したことである。そのため、最上勢の士気は大いに上がった。しかし、伊達政宗もさる者で、むやみに敵の正面に出て、伊達の兵を損なわないようにと留守政景に命じている。

直江勢は、長谷堂城の攻略に手間取って長期戦になっていた。直江自身も、長谷堂城という小城に手間取っていることの不利を悟っていたが、長谷堂城を避けて山形城を攻めれば、背後から攻撃される危険があった。それゆえ、どうしても長谷堂城を落とす必要があったのだ。

お手紙拝見いたしました。さて、長谷堂城に陣を寄せました。すぐに攻め落とすことができると思っておりましたが、山形城が近く、（山形からも）人数を出して対陣するような状況で、（我が勢も）陣構えを堅固に申し付けました。その上で攻めるつもりです。上方の状況がわかれば、政宗も義光も覚悟は変わるはずです。（後略）

（「編年文書」）

右の史料は、九月二二日付けで上杉景勝の近臣清野助二郎に宛てた直江兼続書状である。長谷堂城を即時に落とすつもりでいたが、山形城に近いこともあって、陣構えを堅固にして対陣することになってしまっている。政宗も義光も上方の情勢を知れば降参するであろう、といった内容である。

本書状では、長谷堂城合戦が膠着状態になっていることを詫びているが、直江兼続は石田方の勝利に期待していたのである。しかし、直江勢は、攻めても攻めても長谷堂城を落とすことができなかった。次第に、戦いは膠着状態に入り、持久戦になりつつあった。

二四日には、直江勢は長谷堂城に総攻撃をかけてきた。直江の拠る菅沢山《すげさわやま》の本陣を守る兵を除き、総出で攻め立てた。そこで義光はもちろんのこと、政宗からの援軍である留守政景の部隊も加わって激しく戦った。晩になり、最上勢は追い立てられて、義光の「鳳金」の旗指物を奪われそうになったが、鮭延秀綱の奮戦で守ったという。総大将の旗指物は全軍のシンボルであり、それを敵に奪われるのは屈辱の極みであった。最上家には、長谷堂城合戦の分捕り品と伝えられる写真のような「鳥の旗指物」が伝来している。直江直属軍の与《よ》板組《いたぐみ》のものという。長谷堂城合戦における直江方の敗北を象徴するものである。

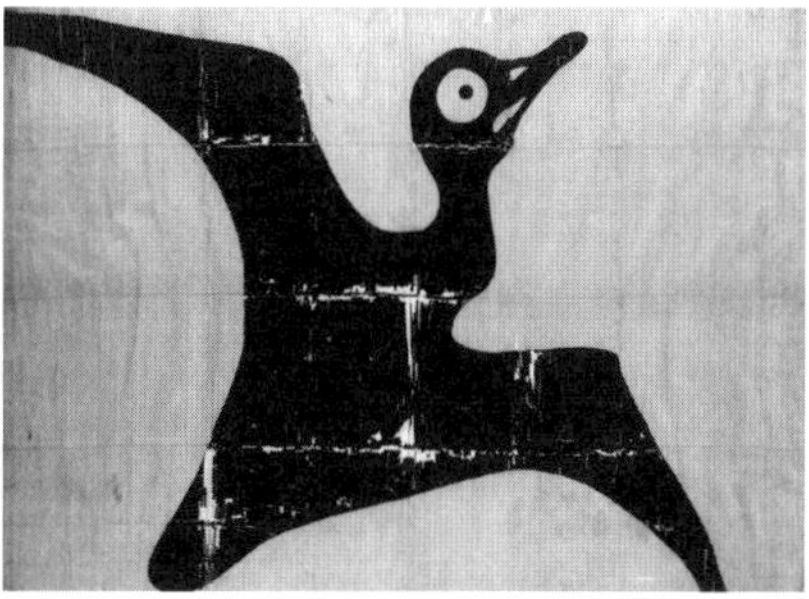
直江勢の「鳥の旗指物」（最上義光歴史館所蔵）

以上のように、長谷堂城合戦は、数の上では少ないものの、士気の上がる最上勢によって必死の防戦が続いていたのである。

長谷堂城合戦では、先述した大将クラスの上泉泰綱までもが九月二九日に戦死するほど、最上勢は良く戦った。上泉は剣の達人であり、彼に一人で立ち向かっては歯が立たなかったようで、『雞肋編《けいろくへん》』や「吉田藤右衛門覚書」によれば、吉田藤右衛門が最初に鑓で突き、金原加兵衛が首を取ったという。「鮭延越前聞書」では坂野弥兵衛という小身の者が首を取ったとする。上泉は複数の兵に取り囲まれて、鑓で突かれ、ひるんだところを複数がかりで殺されたのであろう。

直江勢にとっては、人的にも物的にも大変な消耗戦であった。とりわけ直江にとっては、本村親盛や上泉泰綱といった大将クラスの武将までをも失ったのはショックであったろう。

急いで申し伝えます。さて、米沢の人数が悉《ことごと》く最上（長谷堂城攻め）へ出陣したので、用心のために米沢の地へ派遣すべきことについて、早々に米沢にやって来るべきです。（後略）

（「編年文書」）

右の史料は、上杉景勝が慶長五（一六〇〇）年九月二四日付けで二本松番将の安田堅親《やすだかたちか》（安田筑前守）、竹俣利綱《たけのまたとしつな》（竹俣左京亮）、黒川為実《くろかわためざね》（黒川豊前守）らに宛てて出した書状で、米沢守備のために米沢へ向かうことを命じたものである。

直江兼続は二万の軍勢を動員した。本書状から、直江勢が米沢守備の部隊をも根こそぎ動員したために、米沢守備隊がいなくなるほどであったことがわかる。長谷堂城合戦が長引き、消耗戦となり、最上攻略が当初の見込みよりも時間がかかることがわかってきた。直江の本拠である米沢の守備すら問題となったのであろう。しかも政宗が米沢を狙っていたからである。
ついに九月三〇日には、義光の許にも政宗を通じて、九月一五日の関ヶ原合戦で石田三成、大谷吉継ら西軍敗北の知らせが入った。すなわち、上杉勢は賊軍となったのである。
従来は、直江方にも九月二九日には関ヶ原合戦での西軍敗北の情報が入ってきたので、長谷堂城から撤収したとされてきた。しかし、直江には正確な情報が入っていなかった可能性があることが指摘されている（福島県文化振興財団『直江兼続と関ヶ原』）。
というのも、直江は慶長五（一六〇〇）年九月二九日付けで、以下のような書状を出しているからだ。

（前略）上方の儀は、変化はないと言ってきています。真田が勝利したのも必然であると、たびたび言ってきています。（後略）

（「覚上公御書集」巻一九）

（前略）上方の儀はうまくいっていると言ってきています。ご安心ください。（後略）

（「覚上公御書集」巻一九）

前者は上杉景勝の取次役であった清野長範《きよのながのり》宛て、後者は岩井信能《いわいのぶよし》宛ての直江兼続書状である。この二通の書状から、直江は九月二九日においても、西軍方勝利という希望的な情報を信じていた可能性が高い。それゆえ、直江勢の撤収の理由は、最上川の西側一帯である川西方面の動揺などに求める見解もある（福島県文化振興財団『直江兼続と関ヶ原』）。すなわち、慶長五（一六〇〇）年一〇月八日付け秋田実季《あきたさねすえ》宛ての義光書状によれば、長谷堂城合戦が長引くにつれ、庄内勢に圧倒されていた最上川の西側一帯も、最上方に翻意する者が続出していったことがわかる。長谷堂城合戦で、上泉泰綱のような大将クラスの武将を失うといった予想外の抵抗を受け、川西方面からも次々に離反者が相次いだことが、直江勢の戦意を失わせた可能性もある。このように、直江兼続と最上義光との戦いは、侵攻した直江勢側の手痛い「敗北」に近いものだったのである。

しかし、そうは言っても、圧倒的な兵力の直江勢が一〇月一日に撤退を選んだ最大の理由は、おそらく三〇日に関ヶ原合戦における西軍敗北の確実な情報が入ったからであろう、先述のように、三〇日には義光にも東軍勝利の情報が入っている。

一〇月一日になると直江勢が撤退を開始した。その報に接した義光は、山形城を出て、直江勢の追撃作戦を展開することにした。

先に触れたが、狐越街道は狭く、二万もの大軍が短期間で撤退作戦を敢行するのは困難であった。そのため最上勢は、逃げる直江勢への攻撃を行ったのである。

しかし、兼続は退路を確保させ、整然と撤退作戦を行い、迫り来る最上勢に鉄砲などで応戦した。この撤退戦も、軍記物語によっては、戦いの内容や死者数などに相違があるが、殿《しんがり》の大将を務めたのは水原親憲と溝口勝路《みぞぐちかつはる》であった。

見舞いのための御書中拝見申し候。よって昨日の引き足の儀、なかなか申し尽くさず候。

（「櫛田文書」）

弾痕跡の残る義光愛用の兜（「三十八間総覆輪筋兜」最上義光歴史館所蔵）

右の史料は、慶長五（一六〇〇）年一〇月二日付け櫛田嘉兵衛《くしだかへえ》宛ての水原親憲書状の一部である。一〇月一日の撤退戦で水原は負傷し、櫛田からの見舞いの書状が届いたが、それへの返書である。これによれば、一〇月一日の戦いは筆舌に尽くし難い、壮絶なものであったことがわかる。

「鮭延越前聞書」によれば、一〇月一日に兼続は陣を退いたが、このあと二日間の戦いよりも一日のほうが激しかったという。山形城からも義光や留守政景が参戦したが、直江勢の鉄砲隊に撃たれて苦戦したようだ。
諸史料から確実にわかることは、撤退に際して、水原親憲ら殿の部隊がよく戦った。いったんは崩れそうになった彼らのために、兼続自身が直臣団を率いて戻ってきて、狐越街道の入口にあたる富神山《とかみやま》の麓あたりで三〇〇余の鉄砲をうまく活用して戦い、一気呵成に攻めてきた最上勢を一時は押し返したという。この時は、兼続の配下に属していた前田利益《まえだとします》（慶次《けいじ》）らも奮戦している。その隙に、直江勢の大軍がうまく撤退できた。義光愛用の冑には弾痕の跡が残っているが（前頁写真）、この直江勢追撃戦の際に撃たれた跡とされる。
これは撤退戦であり、直江勢に最上勢より多くの死傷者が出たのは確実である。しかし伊達政宗は、「最上衆」が弱かったので直江勢を殲滅できず、多くの将兵を逃したと、桑折宗長《こおりむねなが》に宛てた慶長五（一六〇〇）年一〇月三日付けの書状の中で、次のように嘆いている。

（前略）最上衆弱く候て大利を得ざるの由に候。昨朝様々候て敵退散の由に候。最上衆弱く候て皆討ち果たせず無念千万に候。（後略）

（「伊達家文書」）

最上勢が本当に弱かったかどうかはともかく、総大将の直江兼続自らの奮戦もあって、何とか米沢に逃げ帰ることができたのは間違いなかろう。

こうして直江本隊の撤退作戦は大いにうまくいった。撤退命令は、白岩《しらいわ》城にいた志駄義秀隊には伝わったため、志駄隊は危機一髪で酒田へ逃げ帰ることができた。他方、谷地《やち》のあたりに布陣していた下《しも》次右衛門の部隊には撤退命令が届かなかったため、勝ちに乗じた最上勢に包囲されてしまった。そのため下らは降伏し、逆に最上勢による庄内攻撃軍の先鋒を務めることになる。

義光は、尾浦城（大山城）の城将であった下次右衛門に対し、尾浦城に戻って、その掌握を命じた。その際、嫡男義康と三男清水大蔵を大将にし、楯岡甲斐守らの軍勢を付けて庄内奪還を目指した。しかし、尾浦城の奪還には成功したものの、志駄らは酒田東禅寺城に拠って義光には従わなかった。

降雪の季節を迎えたこともあって、翌慶長六（一六〇一）年三月には再度、嫡男義康と三男清水大蔵を大将とし、志村高治《しむらたかはる》（光安《あきやす》）や鮭延秀綱らの武将も派遣され、下次右衛門が先鋒を務めて酒田方面に攻め入った。これには秋田実季も滝沢・仁賀保らの由利勢と共に加わっている。

総大将の義康は、宮の浦から最上川を渡河して攻め入った。その際、下ら庄内勢が船を用意し、先陣を務めている。対岸に配置された上杉勢の鉄砲が一斉に火を噴く中を渡河作戦は敢行され、ついに東禅寺城は攻め落とされた。「鮭延越前聞書」によれば、慶長六（一六〇一）年四月二日のことである。『奥羽永慶軍記』によれば、義康は船に乗らず、馬と共に最上川へ飛び込み、無事渡河に成功、部下もそれに従ったという。また下次右衛門は、義光配下としてのいわば初めての戦いであり、先陣を務めて奮戦したため、配下に多大な死傷者を出した。

こうした義康や下次右衛門らの努力によって、酒田をも制圧した。ここに義光は、天正一六（一五八八）年以来失っていた庄内支配を回復したのである。徳川家康は、義光が上杉の大軍を奥羽の地に留め、関ヶ原合戦での勝利に貢献したことを認めて、庄内のみならず、由利郡（秋田県南部）の支配も認めた。こうして義光は、五七万石の大大名となったのである。

従来、関ヶ原合戦の一部である奥羽地方での戦いは、上杉勢の動きにのみ光があてられがちであった。そのために、「今次の合戦の初発をなした会津の上杉景勝の動向であるが、ここでは伊達、最上両氏を相手に局地戦を繰りかえしており、しかも関ヶ原の合戦の結果が伝わってても、これを関知せぬがごとくに上杉勢は戦闘を展開し、慶長六（一六〇一）年に入ってもそれはやまなかった」（笠谷和比古、二〇〇八、一六二頁）といった指摘がなされている。

しかし、上述してきたように、関ヶ原合戦の西軍敗北の情報が入って以降は最上勢によって上杉領、とりわけ庄内への攻撃がなされた結果であることを忘れてはならない。

義光は、関ヶ原合戦後の家康による論功行賞によって、上杉氏と争った庄内地方すらも手に入れたのである。

一方、敗れた上杉景勝は、慶長五（一六〇〇）年一二月二二日付けで、家康への謝罪のために本庄繁長を上洛させることを決め、家康の重臣本多正信《ほんだまさのぶ》、本多忠勝《ただかつ》、榊原康政《さかきばらやすまさ》に取り成しを依頼した。上杉景勝は翌慶長六（一六〇一）年七月一日に会津を出発し、二四日に伏見邸へ到着した。八月一六日には出羽米沢、陸奥福島三〇万石への転封を命じられた。一二〇万石の大大名から四分の一にあたる三〇万石の大名へと減封される憂き目を見たのである。

仙北の戦い

羽州探題の継承者を自負していた義光にとって、庄内のみならず、秋田南部の仙北地域の支配を目指していたことは、天正一六（一五八八）年閏五月一一日付け中山光直書状により先述した。実に、義光が上杉氏との戦いで苦境に陥っていた頃、横手《よこて》城（秋田県横手市）を拠点とする小野寺義道《おのでらよしみち》は、いったんは上杉追討のために天童まで来ていたが、兵を返すや否や、義光から奪われていた雄勝《おがち》郡を奪取すべく、最上家臣の楯岡満茂《たておかみつしげ》が守る湯沢《ゆざわ》城（秋田県湯沢市）を攻め立てた。しかし、これを落とすことはできなかった。

そこで、長谷堂城合戦に勝利した義光は、小野寺氏による湯沢城攻撃を家康への反抗として、慶長五（一六〇〇）年一〇月には小野寺氏打倒の兵を出し、横手城を包囲したが、攻め落とすには至らなかった。慶長八（一六〇三）年二月に徳川政権が成立すると、小野寺氏は改易され、佐竹《さたけ》氏が秋田に入った。それを機に、雄勝郡と由利郡とを交換して、義光には由利郡一帯の支配が認められた。ようやく、秋田南部も安定的に支配することが可能となったのである。

第三節　五七万石の大大名として

義光の家臣団

ところで、義光は慶長一二（一六〇七）年正月に天童馬揃えを計画した。それは延引され、結局は中止されたが、騎馬衆だけで三七二七騎が集まったと『最上記』には記されている。『最上記』は、義光の伝記物語なので、その数がどれほど正確なのかははっきりしない。

義光配下の家臣団の実態を知る上で重要なのは、家臣団に関する「分限帳《ぶんげんちょう》」と呼ばれるものである。「分限帳」は、家臣の名前、何石を与えられているか、負担する役はどんなものか、などが記されている。

『山形市史』によれば、最上家関係の「分限帳」には、「東京大学史料編纂所所蔵影写本」、「国文学研究資料館所蔵宝幢寺本」など一〇本が知られている。

とりわけ、「東京大学史料編纂所所蔵影写本」は、義光治政時代の最末期、慶長一八（一六一三）年頃の家臣団を推測できるとされる。また、「国文学研究資料館所蔵宝幢寺本」は、義光の孫家信《いえのぶ》時代の元和末期の家臣団を示すと考えられている。これら二本が五七万石時代の最上氏の家臣団を知る重要な資料と考えられ、ほかの八本は後代の加筆もあり、それらに劣る資料とされている。そこで、「東京大学史料編纂所所蔵影写本」によって、義光時代の家臣団を見ておこう。

家臣名としては、四万五〇〇〇石の大名とも言える本城《ほんじょう》（楯岡《たておか》）豊後《(前)》守満茂《みつしげ》から三人扶持の塚原七蔵まで、八八九例（寺社も含む）が挙がっている。

また、旗本四八二騎、家中七八三騎の、合わせて一二六五騎と記されている。長谷堂城合戦以後に増えた家中（「家中増侍」）は四六二騎と記載されている。

石高に注目すると、一万石を超える大名クラスが一五名もいる点が注目される。「東京大学史料編纂所所蔵影写本」には一万三〇〇〇石の長谷堂城主の坂《さか》紀伊守光秀《あきひで》が抜けているようだが、最も多いのは、前述の四万五〇〇〇石の本城（楯岡）豊後《(前)》守満茂で、三万石の酒田城主志《し》村《むら》九郎《くろう》兵衛《べえ》光安《あきやす》、二万七三〇〇石の清水大蔵（義光の三男）、二万七〇〇〇石の大山内膳正光隆《おおやまないぜんのしょうあきたか》（義光の六男）、寒河江《さがえ》肥前守広俊《ひろとし》、二万石の上山兵部大夫光広《かみのやまひょうぶだいぶあきひろ》（義光の五男。のちの義直《よしなお》）、延沢《のべさわ》（野辺沢）遠江守光昌《あきまさ》、一万九三〇〇石の山野辺義忠《やまのべよしただ》（義光の四男）などであった。一五人の合計で三一万二一〇〇石にもなる。

それは、一面において、義光が家臣を大事にした表れとも言えるが、逆に言えば家臣らの独立性が強かったことは間違いないであろう。六二万石の伊達氏において一万石以上が九人であったことを思えば、多すぎるであろう。義光ならば、そうした家臣を統御できたにせよ、第四章で述べるように、若すぎる第三代家信にとっては無理であった。最上家が改易になるか否かの瀬戸際の危機の際ですら、山野辺義忠らが当主家信の意見に従わなかったのも、大名として独自の家臣団を有する強固な独立性が背景にあったと考えられている。

ところで、「扶持衆」の項には、忍者《しのびのもの》と思われる伊賀衆が「六拾二人扶持伊賀衆十三人」とある。伊賀衆が一三人も雇われていたのである。戦国時代においては、伊賀衆や甲賀衆のような忍者が、情報戦に勝つためにも重宝されていたのであろう。

こうした家臣団把握のために、義光は種々の施策を施すことになった。

最上家家法の制定

戦国大名は自己の領地を統治するために、戦国法を生み出していった。伊達氏も、稙宗《たねむね》の時代の天文五（一五三六）年に『塵芥集《じんかいしゅう》』を制定している。最上氏においても、そうした法が整備されていったと考えられる。と言うより、そうした「最上家家法」がなければ、五七万石もの最上領を支配することは困難であったはずである。

『奥羽永慶軍記《おううえいけいぐんき》』には、鮭延越前《さけのべえちぜん》が書き伝えたという「最上家の掟写」二三箇条と「最上家出陣の時の掟」一七箇条が記載されている。『奥羽永慶軍記』とは、永禄から慶長まで（一五五八〜一六一五）の戦国時代の東北地方における戦乱を描いた軍記物語である。全三九巻もあり、著者は久保田《くぼた》（秋田）藩の戸部正直《とべまさなお》で、元禄一一（一六九八）年の成立である。それゆえ、後世の編纂物で一級資料ではないが、ほかに記載がないので見ておこう。

合わせて四〇箇条もあるので、興味深い規定のみを紹介する。第一条は以下の通りである。

一、分国の士、城持の者は言うに及ばず、旗本・陪臣ら文武の両道は専一に嗜むべき事。

すなわち、最上分国内の武士は、城持ちの上級武士は言うまでもなく、旗本（直臣）・陪臣（家臣の家臣）も文武両道を嗜むべきこと、との規定である。自ら連歌などを嗜んだ義光らしく、家臣たちにも、武道だけではなく、文化人であることを求めている点は興味深い。

第二条では、忠孝の道を第一にすべきことを求めている。とりわけ、地下《じげ》の百姓にも地頭《じとう》らが申し渡すよう求めている。第三条では、他行の際の列、陣屋の次第は組頭の命令に従うよう求めている。

第四条では、他人の協力を得た軍功なのに、あたかも自分一人の功とするのを厳禁している。違反したら本人のみならず、父子・兄弟までを死罪とし、子孫を断絶させるとしている。とりわけ、佐々木《ささき》高綱《たかつな》（正しくは盛綱《もりつな》）が、元暦元（一一八四）年一二月七日、備前児島における藤戸の合戦で、渡海できる浅瀬を教えてくれた漁師を口封じに殺した上で、海を馬で渡って平《たいらの》行盛《ゆきもり》を打倒したことを例に挙げて、最上家では、そうした行為を用いず、としている。平安時代末期以来の個人戦から戦国期の集団戦への変化に対応して、協力し合って戦うことの重要性を認識した結果であろう。

第五条では、佐々木高綱が宇治川の合戦で梶原景季《かじわらかげすえ》を騙して先駆けの功を達した例を挙げて、そうした同輩を騙して先駆けすることを禁じている。これも、第四条と同じ性格の家法と言える。

第六条では、他家において軍功のない者でも、当家に来て軍功を挙げれば厚く褒美を取らせると規定している。過去は問わずに、優秀な人材を登用することを定めているのである。

このほかにも、敵城が落ちた場合は、落人、女、童、病人はみだりに殺してはならない、許可を得ずに敵領内の民家を焼いてはいけない、敵領内の苅田や植田を覆すなどをしてはならない、などの規定がある。

ところで『奥羽永慶軍記』には、現在の秋田県横手市を根拠地としていた戦国大名小野寺《おのでら》氏の家臣である八柏《やがしわ》氏が永禄元（一五五八）年一一月に定めたという家法があり、それが小野寺領で有効に機能していたことを挙げている。戦国大名間で、法による統治の重要性が認識され、義光もそれに倣って家法を定めたのであろう。

第四節　山形城下の整備

山形城の整備

山形城の本格的な整備については、次に掲げる天正二〇（一五九二）年三月二八日付けの蔵《くら》増大膳亮《ぞうだいぜんのすけ》宛て義光書状によって、天正二〇（一五九二）年から始まったと考えられてきた。意訳して引用する。

（前略）三月十七日に洛中を出発し、同廿八日に境《（堺）》より海を渡って唐の御陣へ出発した。筑紫《（肥前）》名護屋と申す所までということだ。ご心配なく。何とかして秋中には山形へ下向できるように会って話すつもりだ。また、其許の普請以下、火の用心等、任せ入る。また、細々山形城へ出仕して、惣領殿《（義康）》へ詞《ことば》を懸けること、望むところである。（後略）

（「立石寺文書」）

右の書状には年号が書かれていないのだが、「唐の御陣へ出発」という文言から、天正二〇（一五九二）年のものと断定できる。豊臣秀吉による朝鮮出兵、すなわち文禄の役（一五九二～九三年）に関わる史料である。義光も五〇〇人の家臣を率いて、肥前名護屋《なごや》（佐賀県唐津市）に滞在し、朝鮮への渡海を待つことになった。蔵増大膳亮は、義光の有力家臣として山形城にいたと考えられている。のちの「分限帳」で、四〇〇〇石の蔵増城主と見える「小国摂津守」は蔵増大膳亮の嫡男と考えられている。

書状によれば、義光は天正二〇（一五九二）年三月一七日に京都を出発し、二八日に堺から海路で肥前名護屋（佐賀県唐津市）へ向かった。この書状は、日付から堺で乗船する前に書かれたものであろう。

従来は、「其許の普請以下、火の用心等、任せ入る」という文言から、「其許」＝山形城の普請を任せたものと解釈されてきた。他方、近年では、「其許」というのを「あなたの所」の意味にとって、蔵増の家の普請のことで、「其許」＝山形城のことではないとする説もある（片桐繁雄、二〇〇六）。すなわち、「其許」を山形城とするか蔵増の家とするかの解釈の相違である。

当時の最上領については義光に裁量権があり、家臣の城普請に関しても義光に裁量権があったことは言うまでもないが、家臣個人の家普請と最上氏との関係を確認しておこう。

右、先年京都までの御陣に参るみぎり、様々御奉公仕り候に付き、その者一代普請の儀、相赦し候ところ実也。もし自今已後において違乱の儀あらば、彼状をもって糺明致すべきもの也。よって件《くだん》のごとし。

慶長八年

卯八月十一日　　家親（花押）

佐竹助兵衛とのへ

（「慈恩寺宝林坊文書」）

右の史料は、慶長八（一六〇三）年八月一一日付けの佐竹助兵衛《さたけすけべえ》宛て最上家親判物《いえちかはんもつ》である。これによれば、京都まで参陣し、奉公したというので、一代の普請権を許可している。最上家親は義光の子で、当時、寒河江《さがえ》領主であった。のちに第二代山形藩主となる人物である。このように、家臣らは自分勝手に普請ができなかったことがわかる。

そこで、先の義光書状を見ると、蔵増に対して、許可する（＝「相赦す」）ではなく、「其許の普請以下、火の用心等」を任せている。それゆえ、これだけでは断定できないが、山形城の普請業務を任せるという解釈のほうがわかりやすい。蔵増クラスの家臣であれば、かなり以前に「一代普請之儀」は許可されていたはずだからだ。

もう一点、別の史料も見ておこう。

（前略）

一、私の（朝鮮への）渡海のことはありそうもないことだ。飛驒守殿へ尋ねたところ、高麗の味方は一ヶ所に集まり、また飯米もないので、人数には事欠かず、米もないので、あとから高麗へは人数は来なくて結構なので安心してくださいと語られた。哀れ哀れにも、そのようで、命があるうちに、いま一度最上の土を踏み、水を一杯飲みたいものだ。

一、其元（そちら）の「うちたて」の堀普請はどうだろうか、一度では完成できないだろう。一方ずつ終わらせるのも良いと思う。堀は土地の低いほうから掘って、水を落としながら、地あかりのほうへ掘るならば良いだろう。哀れなことですが、普請の途中に下向して、意見を申したいものだ。
一、火の用心を良くしているとの由、出火もないようで、めでたく、めでたく思う。肝要なことだ。（中略）
五月十八日　義光（花押）
いらこ志なのとのへ

右の史料は、文禄二（一五九三）年五月一八日付けの伊良子信濃《いらこしなの》宛て義光書状の一部である。この書状も、従来は山形城下の整備が文禄期に行われたことを示すものとして使用されてきた。前略部分からは、義光が文禄の役に際して、肥前名護屋で書いたものであることがわかる。書状中では、「うちたて」の堀普請についての細々とした指示などがなされている。

「うちたて」というのは、山形城内にあった、義光の最も重要視する部分のことであろう。山形城下絵図（守春本）などに見える「中館」部分のことであろうか。

もっとも、「其元」とあることから、「其元」を「あなたの所」と解釈して、伊良子信濃の屋敷のことと考える説もある。

しかし、家臣の屋敷の普請の細部にまで、あれこれ指示をする必要性は考え難い。とりわけ、「普請の途中に下向して、意見を申したいものだ」とあるように、義光が普請に立ち会いたいと思うような「うちたて」であった。とすれば、山形城内の「うちたて」の可能性が高いであろう。

山形城の土木工事だとすれば、そこにはプロの技術者がおり、いちいち義光が堀の掘り方まで指示をする必要はないという意見もあるが、本丸内の「うちたて」という中核部分であるがゆえに、いろいろ指示をしたかったとも考えられる。以上のように、おそらく天正末から始まり、文禄期に入っても山形城の整備はなされていたと筆者は考える。

ところで、本書状は、文禄の役に関する重要な史料でもある。書状の最初の部分では、朝鮮に滞陣中の豊臣軍が食料不足に陥っていたことを伝えている。また、それゆえに義光は朝鮮へ渡る必要がなくなっていたこともわかる。とりわけ、「命があるうちに、いま一度最上の土を踏み、水を一杯飲みたいものだ」の部分は、本書の冒頭に記したものである。故郷に生きて帰って水を飲みたいという、義光の故郷山形を思う切ない心情が表されていて興味深い。

絵図に見る山形城下

山形城は、斯波兼頼《しばかねより》が延文元（一三五六）年に山形へ入部して建立した館に由来し、それ以降も少しずつ整備が進んだはずである。ことに、義光時代の文禄期に山形城下の整備が大いに進んだにせよ、本丸、二の丸、三の丸を擁する山形城の本格的な整備は、関ヶ原合戦以後と考えるのが良いであろう。豊臣政権時代の二〇万石時代と関ヶ原合戦以後の五七万石の時代とでは、山形城下も大いに様相を異にしたはずだからである。

とりわけ、通説的な見解によれば、中世都市は町割が整備されておらず、武士と商人・職人らが混住していたと考えられている。他方、近世の城下町は町割が整備され、侍と商人・職人らが別々に住んでいたと考えられている。それゆえ、山形城下もそうした変化をたどったはずである。

山田浩久氏の地理学的な研究によれば、コンピューター上で、建物を消してみると、笹谷峠《ささやとうげ》（山形県と宮城県の県境）を越えると、山形城が真っ先に目に入ってくるような状況であったという。それゆえ、扇状地の端で、水が涸れることのない現在地が、斯波兼頼によって城館の場所として選ばれたのであろう（山田浩久、二〇〇四）。

ところで、最上時代の山形城下を知る上で城下絵図は重要である。現在、最上時代の城下絵図として図（甲）、図（乙）のような二種類の城下絵図が知られている。

図（甲）は、従来、最も良く知られているもので、最上時代の城下絵図の代表的なものである。それには「山形藩藤原守春写之」と署名・押印があり、「最上家在城諸家中町割図」と書かれている。縦二三・三四m、横一八・四三mもある、紙本著色の絵図である。山形県立図書館に所蔵され、これまで最も権威あるものとされてきた。この絵図は、書写者の名前をとって一般に「守春本」と呼ばれており、ここでは図（甲）とも表記する。

この絵師である守春については、明確な史料があるわけではない。山形城下絵図の専門家である高橋信敬氏によれば、藤原守春は秋元《あきもと》氏の藩主時代（一七六七〜一八四五）の山形藩所属の

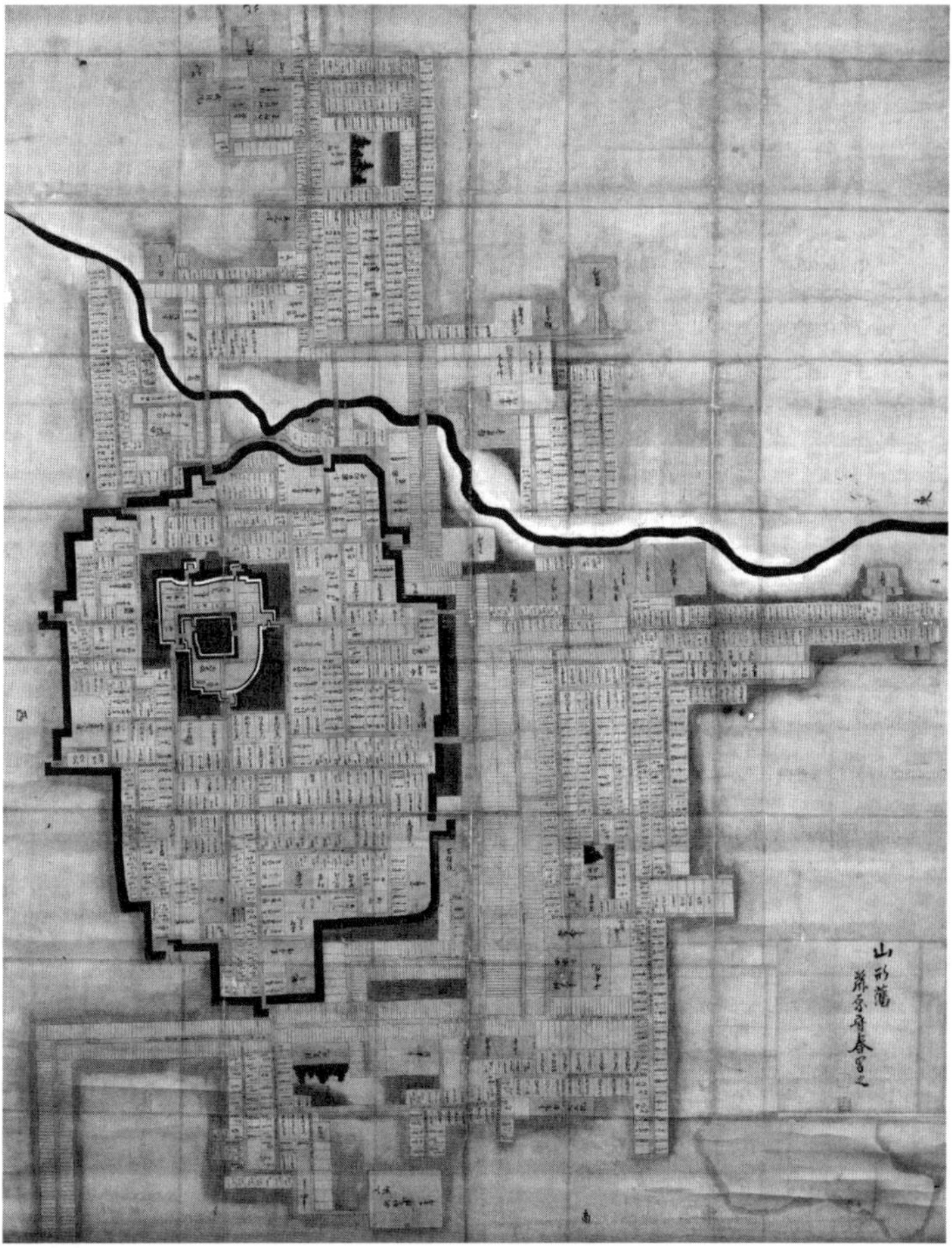

山形城下絵図（守春本）（甲）山形県立図書館所蔵

絵師の一人と考えられ、「守春本」は江戸時代後期に制作されたものとする。のちに多くの模本が作成された。このように「守春本」は江戸時代後期に制作された絵図であるが、山形の城下町を論じる際には、この絵図が使われてきた。と言うのも、現存する写本の中でも色彩がはっきりし、屋敷割の線引きも整っており、描図も字体も最も優れたものだからである。

さらに、「守春本」の原図の制作年代については、坂《さか》紀伊守光秀《あきひで》の後室（未亡人）の屋敷が書かれていることから、坂紀伊守が歿した元和二（一六一六）年を上限とする。他方、下限は熊野権現堂と行蔵院が描かれていることから、それらが移転された元和七（一六二一）年とする。すなわち、原図は最上時代の最晩年のものと考えられ、その作成理由は、最上家改易の際の資料のためと考えられている。

以上にまとめた高橋説は、大いに説得力があるが、異論がないわけではない。まず、上限については、「守春本」には幕府から派遣された「御横目衆」の屋敷が本丸内に描かれていることである。後述するように、山形藩第三代藩主最上家信《いえのぶ》は、父家親《いえちか》の急死を受けて襲封したが、山形藩をまとめることができずに藩政の混乱を招いた。そこで、元和六（一六二〇）年三月には江戸幕府の目付二人が派遣されることになった。「守春本」には、その二人の目付（「御横目衆」）の屋敷が描かれており、上限は元和六（一六二〇）年三月までになる。それゆえ、「守春本」の原図は元和六（一六二〇）年三月から元和七（一六二一）年までの間に作成されたと考えられる。

このように、「守春本」の原図が、元和六（一六二〇）年三月から元和七（一六二一）年までの、

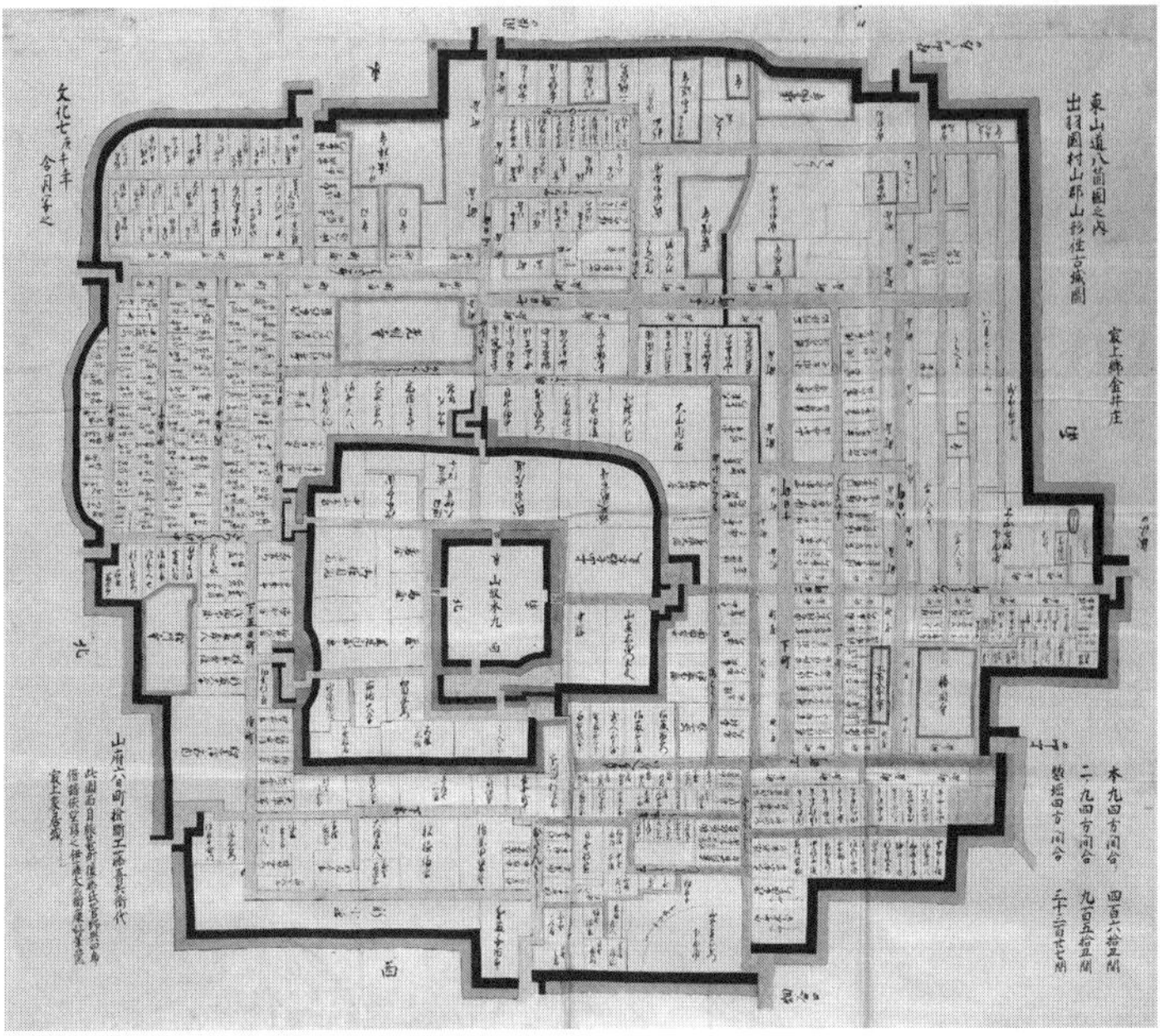

山形城下絵図（伊藤本）（乙）個人所蔵

まさに改易直前に制作されたということは、改易に関わって作成されたとする高橋説を補強する傍証かもしれない。ただし、ほかの改易された大名において、そうした絵図が作成された事例は管見に及んでいない。とすれば、後述するように、元和六（一六二〇）年に江戸城清水《しみず》門《もん》の普請を終えた家信が、次に目指したのが山形城下の整備で、その設計図として原図が制作されたと考えるべきであろう。本図には空白部分もあり、城下整備の計画の現状把握のための制作であった可能性はあり得るであろう。こうした「守春本」を見ると、きちんとした町割が施され、武士と庶民との住み分けがなされている。つまり近世城下町の典型的な姿が表現されている、とも言える。

　他方、図（乙）は、近年、市村幸夫氏らによって発見されたものである。所蔵者の名をとって「伊藤本」「秋元本」「鶴岡致道館本」「宮城図書館本」などがあるが、内容はほぼ同じもので、これを図（乙）とし、ここでは「伊藤本」を掲げておく。図（乙）の特徴は、きちんとした近世の町割がなされていない点、すなわち、惣堀《そうぼり》の内側に、侍と商人・職人らが混住している点である。それゆえ、図（乙）は山形城下の古い状況を表していることになる。

　しかしながら、図（乙）については、稚拙な、後世に制作された想像図に過ぎないとする説（武田喜八郎、二〇一三）もあり、現段階では議論の最中にあると言わざるを得ず、今後の資料の発見や研究の深化に期待したい。

　そこで本書では、現在の研究状況を踏まえて、図（甲）＝「守春本」に依拠しながら、最上時代の山形城下を見ておきたい。「守春本」の城下絵図は、本丸、二の丸、三の丸を擁する山形城下を描き、最上時代の山形城下を示していることには異論がないからだ。

　本丸は朱色、本丸・二の丸の土手を白色、石垣を黒色で、三の丸の土手を黒色で表現している。堀と馬見ヶ崎川《まみがさきがわ》を紺色で、河原を白色、空き地を薄緑色、街路を薄茶色、神社仏閣などを薄紅色で表している。家臣の屋敷には住人名が記されている。特に上級家臣の屋敷は、寺社地と同じく薄紅色で表記されている。朱線で空白のところは町人地で住人名を記していない。三の丸内部の城郭部分は、ほぼ正確に二〇〇〇分の一（誤差率三％）で表現されている。

「守春本」による最上時代の城下の特徴は、二の丸の門が五つあり、鬼門《きもん》にあたる艮《うしとら》（北東）の方角に不明門《あけずのもん》があること、二の丸堀の東南の角が丸いこと、馬見ヶ崎川の流路が城下の北側を西流していることなどが挙げられる。なお、近年の二の丸東南角一帯の発掘によって、二の丸堀の東南の角が丸いことが確かめられており、「守春本」の原図の信頼性の高さが証明されつつある。

「守春本」に従えば、山形城は天守《てんしゅ》のない平城《ひらじろ》で、本丸は周囲八五〇m、面積二万三八〇〇㎡、二の丸は周囲二三〇〇m、面積二八万㎡、三の丸は周囲六五〇〇m、面積二三五万㎡もある巨大な城下であったと考えられている。二の丸の大きさが、東京ドームの六倍以上という、関東以北では江戸城に次ぐ巨大な城であった。

さらに、山形城は本丸、二の丸、三の丸と三重の堀によって囲われ、その内部は上・中級の武士が住むゾーンとなっていた。城の南北には神社仏閣を配し、東には寺町が置かれて、宗教的な守りとしていた。八ヶ所の寺院（鳥海月山両所宮・光禅寺・法禅寺・来迎寺・専称寺・光明寺・宝幢寺・宝光院）は、最上家がとりわけ重視していた寺院である。本丸は城主の居所と政治の場、二の丸には重臣の屋敷、三の丸には直臣の屋敷が並んでいた。三の丸を囲む惣堀の外が商人・職人、農民らが住むゾーンであった。

惣堀の内と外は厳しく区別され、一一ヶ所の入口は厳重に警備されていた。この「十一口」

で吉の文字となることから、山形城は「吉城」とも言われたとされる。

武家屋敷は二の丸、三の丸に合計で五一五戸、郭外に九四三戸あり、合計で一四五八戸あった。

商人・職人の町は三の丸の堀の東側に、南北に通じる直線道路を造り、これと平行に一町（一〇八m）間隔で三〜四本の道路を造った。その道路の両側を町人の住居とした。

二日町、三日町、四日町、五日町、六日町、七日町、八日町、十日町は、各々の日に市が開催されていたと考えられる。ものづくりの職人は、檜物町、桶町、塗師町（漆塗り細工師）、ろうそく町、銀町などがあった。旅籠町は旅人が宿をとる町で、商人町の北側に続いていた。鍛冶師、鋳物師など火を使う職人は、馬見ヶ崎川の対岸に配置されていた。かつては木造の建物ばかりだったので、火事を恐れたのであろう。

防火対策もなされていて、二の丸のまわりは水堀で囲んでいた。民家が立て込んだところには空き地を造って、防火や避難場所として備えた。

町衆の屋敷は、原則として間口が約五間（九m）、奥行きが約三〇間（五四m）となっていた。その名残は、山形駅前の大通りに見られる。

次に人口を見ておこう。最上家最後の山形藩主であった最上家信の時代の「最上源五郎様分限帳」によれば、「人数一万九千七百九十六人、内一万六千五十五人　町人、三千六百四十一人寺社方」とある。武士の数と合わせれば、三万人くらいの人口だったと思われるので、山形城下町は東北最大の町であったと推測されている。まさに「守春本」は、五七万石の最上時代の最盛期の姿を示していると言えよう。それこそ、義光が山形城下町の基礎をつくったと評価されるゆえんである。

しかしながら、山形城下町の形成は義光によって完成したわけではなかった。例えば、寺町がある。現在の寺町には、駒姫《こまひめ》を祀る専称寺を中心に真宗大谷派寺院一三ヶ寺が集まっている。通常、寺町と言えば、他宗派の寺院も集中して形成されているが、山形城下では真宗大谷派の寺院が集まり、いずれもかつては専称寺の末寺であった。しかもそれらは、現在の小姓町《こしょうまち》、小白川町《じらかわまち》、天童市などから移転してきた寺院である。

それら寺院の移転時期・簡略な縁起などを記した「仲間由緒書」が、山形市緑町の宝林寺《ほうりんじ》に伝来している。その一部を挙げると、以下のようになっている。

仲間由緒書

供養山

願住寺

右、開基の圓實は生国が越後国の住人日野氏何某と申す武士である。天正年中に出家、発心して当国に来たり、六椹に草庵を召し、居住した。三代圓極の時、出羽守義光公の命により、元和年中に当地に移った。本尊は阿弥陀如来で、本山の免許がある。ただし前仏と脇士はない。

宝樹山　宝林寺

右、開基の順正は生国が奥州の住人藤江三太郎尉頼道何某と申す武士である。慶長十八年の頃、生死無常の道理を観じ出家を遂げ、当国行沢村に来たり住居す。三代了傳行沢村の道場を新田村移し替え居住す。寛文十年に当地へ移転す。（後略）

すなわち、供養山願重寺《がんじゅうじ》は、義光の命によって、元和年中（一六一五～二四）に六椹《むつくぬぎ》（山形市八日町）から現在地へ移転したことがわかる。

他方、宝林寺は寛文一〇（一六七〇）年に新田村から現在地へ移転している。この「仲間由緒書」の内容をまとめたものが上の表である。

寺町寺院と移転年代

天正元（1573）年	善龍寺
慶長５（1600）年	見聞寺
慶長19（1614）年	正願寺
元和年中（1615～24）	願重寺
	浄現寺
	圓満寺
	浄善寺
元和７（1621）年	圓徳寺
寛永３（1626）年	西称寺
慶安５（1652）年	圓寿寺
寛文10（1670）年	宝林寺
正徳２（1712）年	本龍寺

※唯法寺の移転年代は不詳

それによると、義光時代の慶長一九（一六一四）年以前に移転した寺院は三ヶ寺に過ぎず、元和年中、元和七（一六二一）年と書かれているのが五ヶ寺、それ以後の寺院も四ヶ寺ある。元和年中というのは曖昧な表記であり、はっきりしないが、元和八（一六二二）年以後であれば、鳥居《とりい》氏の藩主時代ということになる。それゆえ、最上時代のみならず、それ以後の鳥居時代にかけて、寺町は形成されていったと考えておこう。このように、寺町のような部分は、最上時代から鳥居時代にかけて整備されたようである。

山形市の基本的な都市づくりが、最上氏によってなされたことは間違いない。しかしながら、「守春本」絵図と現在の地図を比較すると、馬見ヶ崎川が山形城下の北を東西に流れていたことに気づく。すなわち、流路が変更されているわけだが、それは鳥居氏によってなされたのである。このほかにも、鳥居氏の菩提寺であった長源寺《ちょうげんじ》が、最上氏の菩提寺である光禅寺《こうぜんじ》を現在地（山形市鉄砲町）に移して、その跡地（山形市七日町）に建てられるなど、鳥居時代の山形城下整備も忘れてはならない。

とは言え、元和八（一六二二）年の最上家改易によって、山形藩は五七万石から二〇万余石へと転落したため、武士たちが減少してしまい、二の丸などがガラガラになってしまったのは確かである。

城に対する義光の考え方

城に対する義光の考え方を示す逸話が『羽源記《うげんき》』に記載されている。第一章で述べたように、『羽源記』というのは、羽黒山の信弁が寛永から明暦（一六二四～五八）の頃に古老を訪ね、その体験談を基に戦記物語『奥羽越戦記《おううえつせんき》』一〇巻を著し、これが後補されて二〇巻の『羽源記』になったという。それゆえ、編纂物ではあるものの、義光の人となりを知る上で興味深いものなので、少し長いが、ここでは意訳しながら引用する。

慶長一五（一六一〇）年の春、氏家《うじいえ》尾張守、鮭延《さけのべ》越前守以下の重臣が山形へ参勤した。その際に氏家らが以下のように申し上げた。只今の御館の内が狭く、義光のような優れた良将の御座所として余りに浅ましい状態である。直臣である旗本たちは三の丸より内に、大名たちは惣堀の外に住むように普請をなさるべきだ。また、御中館中の山王権現が鎮守しているところに、天守を建てられるべきである。そのほか、町口などに見付（警備所）を構えるべきである。

それらの献策に対して、義光は二日ほど返事をなさなかったが、安食《あじき》大和守をもって以下のように仰せ出された。このたび、各々末代までの要害を拵《こしら》えるべきとの意見はもっともである。しかしながら、義光の一代は思いもよらないが、駿河守（二代家親《いえちか》）は家康公の御厚恩が甚だしく深いので、籠城するなどということはあるべからざることだ。仁義をもって諸士を慰撫し、無欲をもって民を哀れむことこそ第一に重視すべきことだ。城・堀の普請を致すことについても民のくたびれになることである。しかし、外の出城の小城どもは別の話で、なるほど油断なく堅固なるが良い。この山形城については無用である。砦の城々が落ち敗れたならば、この平城に籠っても何の運を開くことができようか。東根《ひがしね》・延沢《のべさわ》の両城、上山《かみのやま》・長谷堂《はせどう》をはじめとして、拠点の道筋を堅固に拵え保つならば、国内の民どもも安堵にして、諸軍退屈もなく、一〇年・二〇年防ぎ戦うとも安心でき、最後には勝利を得ることができる謀と思われる。

しかるに、この山形城をよく拵えおいたならば、各々をはじめ、我ら老年ののちには、もってのほかに子孫が危うい状況になるであろう。そのゆえは、昔から要害を頼み、戦場を逃れ、関所を越えられ、末々は兵糧に詰まり、自ら落城した例を多く知っている。近い例では、小田原の名城を頼み、箱根・矢矧《やはぎ》の関所を越えられ、北条《ほうじょう》氏は没落してしまった。織田信長公も、安土《あづち》城・二条《にじょう》城は結局役に立たなかったのに、数多の人足の動員で民衆を疲弊させたことは数えきれないほどだ。ことに、故太閤秀吉公は、武徳は天下に独保されたが、いささか倹約をお知りにならなかったので、大坂城・伏見《ふしみ》城の御普請、古今の目を覚まさせるほどになされた。しかし、石田・増田《ました》以下の執事が甚だしく奢侈を誇ったために、秀頼《ひでより》公の御威勢は現在のようになってしまい、これゆえ吉事ではない。秦《しん》の咸陽宮《かんようきゅう》は三ヶ月も燃え続けた、北国の柴田勝家《しばたかついえ》の丸岡《まるおか》城は三日間で灰燼となったように、（立派な城を）建てても何の益もない。私は愚かであるが、聖代の武将である源頼義《みなもとのよりよし》をはじめ、北条相模守義時《よしとき》などの城普請ということは聞いたことがない。もっとも、天童の愛宕山・千歳山に出城を拵えるべきかとの考えはあるが、人夫の費えが不便であり、しばらく留めおくところである。いわんや居城である山形城の構えは致すべきではない。一〇万石以下の侍こそ籠城の準備が肝要である。我ほどの大名は、出城の後詰か敵城への攻めへの分別が肝要である。ただし、私が逝去のあとも駿河守（家親）に力を合わせ、本願の寺社を崇敬し、ありきたりの通りの山林、除地を私的に没収せず、王道を尊び、恐れながら当公方（将軍家康）のありように学び、万民に慈悲を施し、諸侍に情をかけ、老いたる者を扶持し、幼き者を養い立てるようにすべきである。彼の甲斐の武田信玄《たけだしんげん》の歌にも「人は城、人は石垣、人は堀、情は味方、仇は敵なり」とあるように、城普請は無益であると申した。それを聞いて、氏家尾張守、鮭延越前守以下の重臣は恐れ入って帰ったという。

こうした逸話がどれほどの真実を伝えているのか、はっきりしていない。山形城に天守がないのは確かであり、長谷堂城、上山城という出城で上杉軍を退散させた義光の経験が、出城の重視と、天守のある壮麗な城を造らなくても良いという考えの基になったのであろう。

幻の山形城天守図

もっとも、吉田歓氏の研究（吉田歓、二〇一四）によれば、小澤光祐によって慶長一〇（一六〇五）年頃に作成されたという山形城天守の幻の設計図が、庄内藩の酒井家で大工を務めた小林家の文書に伝わっている。小澤光祐は、二〇〇石扶持で大工頭として最上家に仕えた人物であり、最上家の改易後は消息が知られていない人物である。

この小林家文書中の最上家大工頭小澤光祐の設計図には五重の天守が描かれ、最上家の家紋があることなどから、幻の山形城天守の設計図と考えられている。

こうした天守の設計図の存在から、吉田氏は、一つの可能性として、義光も天守造営の計画を持ち、義光の依頼によって小澤光祐は慶長一〇（一六〇五）年頃に天守の設計図を制作したが、結局、義光は慶長一五（一六一〇）年春にそれを断念した。それが、『羽源記』に象徴的な話として伝わったとする。もう一つの可能性は、光祐が自己の技量・知識の修得のための資料として天守の設計図を制作したとする。史料がないので、いずれとも決しがたいとされている。

筆者は、先述の『羽源記』の記事と慶長一〇（一六〇五）年頃の天守の設計図の存在とを考え合わせるならば、別の可能性も指摘できると考えている。『羽源記』の記事を信じて、義光が出城の重視し、天守のある壮麗な城を造らなくても良いという考えを持っていたとすれば、天守の設計図を依頼したのは義光ではなく、氏家ら重臣のほうであったという可能性である。

すなわち、慶長一五（一六一〇）年以前に氏家らは、小澤光祐に天守の設計図の制作を依頼し、人夫・費用などの見積もりも用意して、慶長一五年以前に義光へ提出し裁可を仰いだ。氏家らの提案はかなり具体的であり、天守の設計図なども添えられていた。それゆえ、直ちには裁可を下さず、二日経って、それに対する義光の最終回答が出されたと考えることもできよう。

少なくとも筆者は、『羽源記』に見える義光の城や家臣に対する考え方は、全くの作り話ではなく、義光の人となりを伝えるものと考えている。

最上三十三観音巡礼と義光

先述したように、山形市内にある中世以来の寺院で、最上氏、とりわけ義光によって寺領を与えられ、修復などの援助を受けなかった寺社はないと言って良い。それは、義光が篤い信仰心を持っていたからだというだけではない。かつては、戦争というのは人と人との戦いだけではなかった。地上界において、人と人とが戦うのみならず、天上界において神々が戦っていると考えられたのである。それゆえ、領主たる者は、自己の支配する地域の「平和」の実現のために、神仏に祈願し、その見返りに保護を与える義務を負っていたのである。

とりわけ、北東の方角は鬼門《きもん》とされ、そこから悪鬼・悪霊が入り込むと恐れられた。そのため、鬼門には寺社が建てられ、保護されたのである。京都で言えば、鬼門にあたるところには延暦寺《えんりゃくじ》が存在し、王朝の手厚い保護を受けたことで知られる。山形では、立石寺《りっしゃくじ》が鬼門を守る寺院として義光の保護を受けた。

ところで、最上三十三観音霊場も義光によって大きな保護を受けていた。とりわけ、現在の三番札所とされる千手堂吉祥院《せんじゅどうきちじょういん》には、以下の義光詠歌板額がある。

第一番千手堂
花を見て
いまや
たおらん
千手堂
にはの
　ちくさも
　盛りなるらん
慶長八癸卯　三月十七日
源義光朝臣　敬白

（裏）
右寄進趣旨は老母のため也

右の史料は、義光が慶長八（一六〇三）年三月一七日付けで老母のために詠歌板額を霊場一番札所の千手堂に寄付したものである。とりわけ注目されるのは、現在は三番札所の千手堂が、第一番と記載されている点である。

最上三十三番札所の成立については、はっきりしない。天童市にある若松寺《じゃくしょうじ》の納札が一五世紀のものであり、その頃には成立していたのであろう。

ここで注目したいのは、最上氏との関係である。最上三十三番札所巡礼の始まりは、斯波兼《しばかね》頼《より》から五代目の頼宗《よりむね》の娘光姫が観音霊場を巡ったことに求められるように、最上三十三番札所が最上氏と関係があろうことは推測できる。とりわけ、北は鮭川《さけがわ》（山形県最上郡鮭川村）の庭月《にわつき》観音《かんのん》、南は上山《かみのやま》（上山市高松）の高松観音《たかまつかんのん》と、現在の村山・最上地域、すなわち山形県の東部地域に限られており、そこはまさに江戸時代以前の最上氏の支配領域である。そうしたことから、最上氏の領域を鎮護するための霊場であったことは想像に難くない。

それゆえ、義光が千手堂を第一番としたのも、慶長六（一六〇一）年に五七万石の山形藩主となった義光による、新たな最上三十三番札所の編成のし直しを意味するのかもしれない。

第五節　庄内を開発する

次に注目したいのは、義光による庄内地方の開発である。義光が山形市域の基礎を形成したことは先に述べたが、彼の施策の恩恵は庄内地方にまで及んでいたからだ。慶長六（一六〇一）年に庄内地方と秋田南部の由利《ゆり》郡を獲得したのち、義光は庄内地方の開発にも努めたのである。後述するように、当初は跡継ぎと期待していた嫡男義康《よしやす》に庄内支配を任せたが、義康が慶長八

（一六〇三）年八月に非業の死を遂げると、義光自らが庄内開発に手を染めることになった。とりわけ、慶長一七（一六一二）年三月には立谷沢川《たちやざわがわ》の水利開発に成功した。

田川郡《たがわ》狩川《かりかわ》領主の北館《きただて》（北楯）利長《よしなが》は、慶長一六（一六一一）年に立谷沢川から水を引き、田川郡北部の開発計画を進言した。義光は、反対があったにもかかわらず、それを許可し、慶長一七（一六一二）年三月に開鑿を開始させた。死者すらも出るような難工事であったが、七月にはようやく総延長三〇余kmに及ぶ疎水を完成することができた。その結果、狩川一帯の四二〇〇町歩もの美田を手に入れることができたのである。義光は、こうして新たに生まれた田地と旧来の田畠を、配下の武士や寺社に対して配分していった。

義光は、慶長一六（一六一一）年以前には、土地の生産高、面積、種類などを調査する検地を終えていたようで、慶長一七（一六一二）年五月九日付けで、庄内の一〇人の武士に対して、横折紙《よこおりがみ》の印判状《いんばんじょう》で知行地を宛行っている。

仮に遣わす知行の事、弐百五十石、ただし四物成、永代安堵致す。よって件《くだん》のごとし。

慶長十七年

五月九日　　義光（印判）

大津藤右衛門とのへ

（「大津文書」）

右の史料は、慶長一七（一六一二）年五月九日付けの義光安堵状である。宛名の大津藤右衛門は、名を久親《ひさちか》といい、上杉景勝《うえすぎかげかつ》の家臣であったが、上杉家が庄内を失った際に、義光に仕えた人物である。最上家改易後は、二五〇石で酒井家に仕えた。史料の内容は、仮に与えていた二五〇石について、今後は永久にその支配を保障するが、ただし、年貢率は四割である、というものだ。

このほかにも九人の庄内の武士に対して、義光は同日付けで、同様の安堵状を発給している。残存しているのが一〇人分であったとしても、実際には庄内の二〇〇人以上の配下の武士たちにも発給したはずである。

さらに、慶長一七（一六一二）年六月四日には、庄内の多くの寺社に所領を宛行っている。

灯明供物料として、弐拾石八斗七升の所、ただし（年貢率は）半物成だが、寄進する。永算万安に、当家の繁栄を祈念せよ。よって件のごとし。

（付年号）
「慶長十七年」少将出羽守

六月四日　　義光（印判）

井岡村

観音仏供灯明分　（「井岡寺文書」）

右の史料は、慶長一七（一六一二）年六月四日付けの井岡寺《いのおかでら》宛て義光寄進状である。内容は、義光が「弐拾石八斗七升」（「半物成」すなわち、その土地から採れる収量の半分が年貢）の土地を井岡村の観音仏供灯明分に寄付したことを表している。

井岡寺は、大日山井岡寺と言い、山形県鶴岡市井岡甲に所在する、真言宗智山派の寺院である。井岡寺は、寺伝によれば、天長二（八二五）年に淳和《じゅんな》天皇第三皇子の基貞親王《もとさだしんのう》が、天皇家の勅願寺として阿伽井坊遠賀廼井寺《あかいぼうおがのいじ》の名で開いたという（大沢淳志、二〇〇九）。

この井岡寺には、慶長一七（一六一二）年六月四日付けの義光寄進状が、原史料八点・写一三点も伝わっている。写一三点の内、五点は井岡寺鎮守遠賀《おが》神社に関わる文書で、明治の廃仏毀釈に際して写が作られ、原史料は神社へ渡された（今はない）という。このように井岡寺には、二一点、その内八点は原史料という数多くの義光文書（小黒印）が伝わることになった。

井岡寺文書は、そうした二一点もの義光文書を伝えるだけではない。それらが、いずれも裁断されていないために、オリジナルの形態を知ることができるという意味でも貴重である。先に触れた史料の大きさは、縦三五・七㎝、横五三・九㎝である。ほかの井岡寺の義光文書も、ほぼ縦三六・〇、横五四・〇センチ前後である。しかも、横折紙に使用している。現存する義光文書の多くは、写であったり、あるいは原史料であっても、裏打ちの際に裁断されて、オリジナルの状態を知るのは困難であるが、井岡寺文書により、慶長一七年六月四日付けの最上義光小黒印文書の形態的な分析が可能となる。要するに、縦三六・〇㎝、横五四・〇㎝の紙を横折紙に使用し、縦二・二㎝、横一・一㎝のC型黒印が捺されたものである。

『鶏肋編《けいろくへん》』という江戸時代の庄内地方の地誌によれば、一〇〇を超える寺社に、そうした義光文書が発給されている。実際、本書の巻末表のように発給されているのである。それらは、慶長一七（一六一二）年六月四日付けで一斉に出されたと考えられる。管見に及んだ義光文書では、慶長一七（一六一二）年六月四日付けで六五点ものC型小黒印の印判状が出され、しかも横折紙である。

横折紙にC型の印判状は、一枚の紙を横に二分して使っている。下の部分は空白になっているが、内容が長い場合は下にも当然書かれる。横折紙は、遠方の相手に使われることが多いが、礼式では薄礼である。他方、竪紙は厚礼だが、横に折らないので、かさばり、遠方へ大量に発送するには不向きだった。

それゆえC型小黒印は、横折紙と併用した場合には、大量発給の際に使われたと考えられる。慶長一七（一六一二）年の文書群は、検地を行って、所領の再配分を行うなど、義光の庄内支配の確立を告げるものであったと言える。まさに、五七万石大名の確立を告げるものもあった。

ところで、最上家の改易後、庄内地方には酒井《さかい》家が新たな領主として入った。酒井家は、基本的に最上家の支配秩序を踏襲したために、先述した義光の横折紙印判状が引き続き意味を持ったので、多くが残った。他方、山形は鳥居《とりい》家、堀田《ほった》家、水野《みずの》家など次々に領主が替わったために、義光の横折紙印判状は反故紙《ほごがみ》となり、伝来されなかったのである。

以上のように、義光は庄内地域の開発に対しても、大きな役割を果たしたのである。

第六節　筆武将としての義光

ここでは、義光の別の一面を見ておこう。

義光は連歌を嗜むなど、軍事貴族出身者らしく、教養人・文化人であったことが明らかにされていることは前述した。

ところで、甥の伊達政宗《だてまさむね》が、支配関係の円滑化のために、手紙のやり取りを重視していたことはよく知られており、それゆえ政宗は筆武将であったと評価する研究者もいるほどである（佐藤憲一、一九九五）。そうした意味では、義光も筆武将であった。


下向以来は書中をもって相届けず候。去りながら無音面目を失い候、よって此方別儀これなく候、其元ばかり床敷儀、中々心中存じ候とも述べ難く候、如何様明年は罷り登り候て申すべく相存じ候。申すに及ばず候へ共、火之用心油断申す間敷候。なお、重ねて登らるべく候間、省略せしめ候事。恐々謹言。
追って申す。さいく（さいさい）そのほか如在申す間敷候。以上。
霜月廿一日　義光（花押）
高橋藤三郎とのへ
（東京大学史料編纂所所蔵影写本「高橋家文書」）

【訳】
（山形に）下向以来、手紙をもって相届けず、不沙汰をし、面目を失っております。さて、私のほうは変わりありません。そこもと（あなたのこと）ばかりが気になっていますが、言葉で表現できません。何としてでも、明年は京都へ登って、話をしたいと思っています。申すまでもないことですが、火の用心油断しないでください。（後略）

右の史料は、（年未詳）一一月二一日付け高橋藤三郎宛ての義光書状である。原史料の所在は不明で、東京大学史料編纂所に明治二二〜二三（一八八九〜九〇）年に作成された影写本が残されている。従来は、差出人の義光を「義直」と読んだために、義光文書とは考えられてこなかった。しかし、花押《かおう》は義光のC型花押である。したがって、差出人は義光で、義光書状である。

C型花押は、慶長期（一五九六〜一六一五）に使用された花押とされ、本書状も慶長期のものであろう。

書状の傍線部分からもわかるように、書状のやり取りの重要性を認識していたことがわかる。

第七節　義光の死

義光は、六〇歳を過ぎても隠居することはなかった。慶長一二（一六〇七）年七月に徳川家康が駿府へ移った際には、駿府へ参上し、出羽の土産物を献上している。

とりわけ慶長一六（一六一一）年三月一三日には左近衛権少将《さこのえごんのしょうしょう》に任じられ、従四位上《じゅしいのじょう》となるなど、江戸幕府体制下で出世を遂げていった。当時の武士にとって近衛少将は憧れの地位であった。

覚

一、御まほり（守）

一、あふき（扇）　弐ほん　つるか岡

一、銀子　三匁　下ノ山王大夫

以上

慶長十六亥年八月十二日　（小黒印）
御位之御しうき（祝儀）として、わさとまてにさし上申され候。御めてたふく。
みの（原頼秀）
たちま（進藤安清）
（「日枝神社文書」）

右の史料は、慶長一六（一六一一）年八月一二日付けの鶴岡下山王大夫宛ての義光書状である。写真を見ればわかるように、用紙は一枚の紙を裁断した切紙《きりがみ》で、義光のC型小黒印が日付の下に捺印されている。

先述のように、義光は慶長一六（一六一一）年三月に従四位上左近衛権少将に就任したが、本書状は従四位上左近衛権少将就任へ対するご祝儀への礼状である。鶴岡下山王大夫が御守と扇二本と銀子三匁をご祝儀として贈ってきたのである。

原《はら》美《み》濃《の》頼秀《よりひで》、進藤《しんどう》但馬《たじま》安清《やすきよ》が義光の命令を奉じている。内容は受取状と感謝状を兼ねたものであるが、「慶長十六」と年次が付けられていることからもわかるように、単なる私信ではなく、公的な意味があったと考えられる。とは言え、奉行が義光の命令を奉じており、用紙は切紙が使われている点に大きな特徴がある。

本書状と同様の型式・内容の文書が同一月日付けで、長山若狭といった武士や寺社に対して併せて六通も出されている。おそらく、大量に出されたのであろう。とりわけ、ここに写真を掲げたものは、写ではなく、原史料（大きさは縦三四・二cm、横一七・二cm）で大変貴重である。

　原美濃頼秀、進藤但馬安清は、それぞれ、尾浦《おうら》（大山）城代下秀久《しもひでひさ》、亀ヶ崎《かめがさき》（酒田）城代志《し》村光安《むらあきやす》の家臣であった。原美濃は大山城主下対馬守（治右衛門《じえもん》）の家老、進藤但馬は亀ヶ崎城主志村光安・光惟《あきただ》の家老であると考えられている。本書状からも、彼らが義光の意を受けて、庄内支配の実務を担う吏僚であったことがわかる。

　義光は官位・官職の面でも、最高位がせいぜい五位止まりが普通の地方の武士では、破格の昇進を遂げていった。しかし、体調は次第に衰えていったようだ。慶長一八（一六一三）年になると、春から体調がすぐれず、三月には使者を江戸の秀忠《ひでただ》と駿府の家康とに遣わし、秀忠には蠟燭二〇〇挺、銀子五〇枚、黒馬一疋を、家康には銀子二〇〇枚、蠟燭三〇〇挺と鶴を贈っている。家康と秀忠からの返事には、養生に努めるようにと書いてあった。

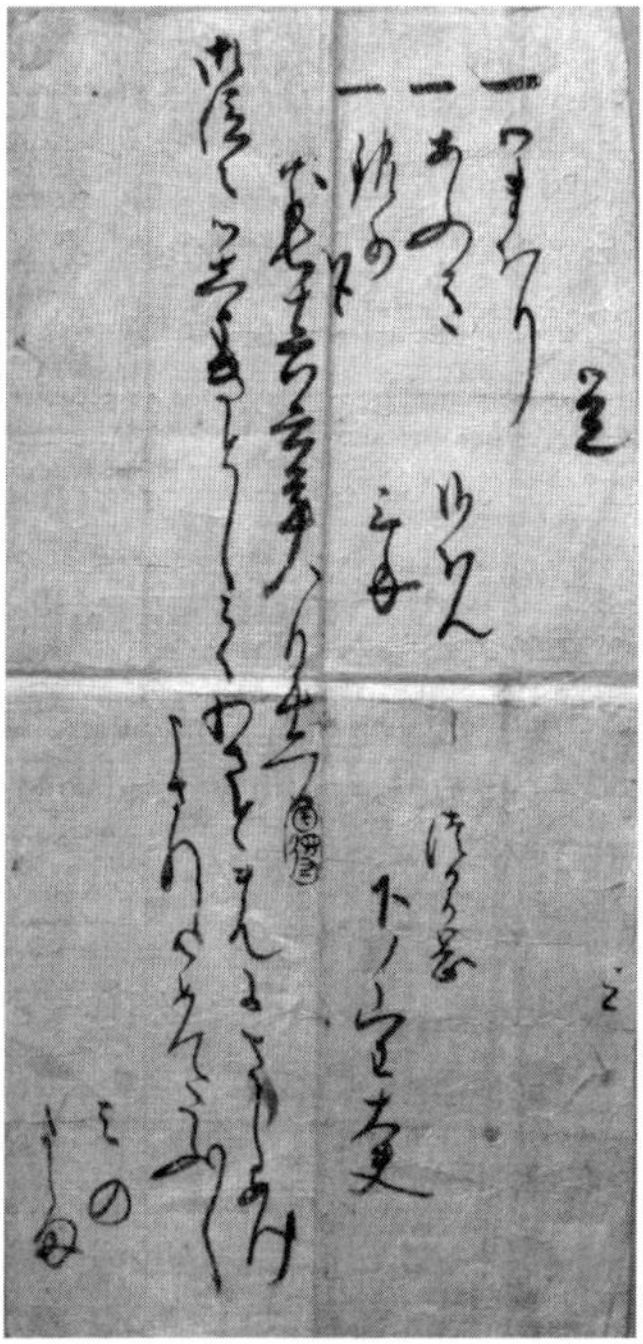
慶長16年８月12日付け義光礼状

　慶長一八年の九月には、義光は死を意識したようで、自ら参上して家康と秀忠へ最後の挨拶をしようとし、無理を押して江戸の秀忠と駿府の家康を訪問した。まず、駿府へ参り、家康の寝所まで招き入れられ、家康自らが調合した薬を与えられた。その後、江戸城に秀忠を訪ねている。

　義光は家康、秀忠への最後の拝謁をしたのちに帰国し、翌慶長一九（一六一四）年正月一八日に息を引き取った。六九歳であった。光禅寺《こうぜんじ》（現在、山形市七日町の長源寺が建っている地）に葬られ、号は光禅寺玉山白公である。

　義光の死に際して、寒河江《さがえ》肥前守、寒河江十兵衛《じゅうべえ》、長岡但馬《ながおかたじま》、山家河内《やんべかわち》、合わせて四名の殉死者が出ている。寒河江氏は、義光が打倒して家臣化した人たちであった。かつての敵たちが殉死するほどの強固な主従関係を結ぶに至ったことを思うと、義光の懐の大きさが偲ばれよう。

　義光は、まさに戦国時代を駆け抜け、娘の駒姫《こまひめ》惨殺、嫡男義康《よしやす》の横死という悲劇を経験し、豊臣秀次《ひでつぐ》事件では謀叛の嫌疑をかけられたこともあった。長谷堂《はせどう》城合戦では数の上では圧倒的に有利だった上杉軍に勝利して、江戸幕府の下で五七万石の大大名となるなど、まさに波乱万丈の人生だったと言えよう。

　しかし、義光が命がけで獲得した栄華も、長くは続かなかった。元和八（一六二二）年には、孫の家信《いえのぶ》（のちに義俊《よしとし》と名乗る）の代に、改易処分を受け、一万石に減封されてしまったからである。以下、その背景・理由を、義光の子・孫である義康、家親《いえちか》、家信に注目して述べてみよう。

第四章 義光のその後を追う

第一節　嫡男義康

最上義康《よしやす》（一五七五～一六〇三）は義光の嫡男であり、義光の跡を継ぐべき立場にあった人物である。従来、義康は、黒田富善氏の研究（「最上氏時代の寒河江領主について」）を除けば、正面きって論じられることはなかった。義光の跡を継ぐ前に非業の死を遂げたからである。しかし、数は少ないとはいえ、義康の発給した文書も残っており、以下ではそうした文書をも使って、義康の「実像」に迫ってみたい。

『最上記』などによれば、義康は、なかなか引退して家督を譲らない義光を恨み、謀叛を計画している疑いがあるとして、義光によって高野山《こうやさん》へ蟄居《ちっきょ》を命じられた。しかし、義康は高野山へ向かう途中の庄内丸岡《まるおか》（鶴岡市丸岡）において土肥半左衛門によって銃殺された。慶長八

（一六〇三）年八月一六日のことである。殺すつもりではなかった義光は、土肥半左衛門を死罪に処し、常念寺《じょうねんじ》（山形市三日町）で義康の菩提を弔わせた。慶長一七（一六一二）年には、鶴岡の天翁寺《てんのうじ》を常念寺（鶴岡市睦町）と改称させて義康の菩提を弔った。山形市七日町の慈光明院《じこうみょういん》には、山形城内の義光が起居した書院と寝室とを結ぶ廊下にあったという板戸がある。それには牡丹に獏《ばく》が描かれている。獏は、鼻は象、目は犀《さい》、足は虎、尾は牛に似て、悪夢を食べるとされる想像上の動物であるが、義光を悩ませた悪夢の一つが義康の亡霊であったのは確かであろう。

『山形市史』では、義光の配下に三男の清水大蔵ら豊臣方に親和的な武将たちもいたことから、義康横死事件の背景として、義康が最上家内の反家康派の中心人物に祭り上げられる可能性を危惧した徳川家康が、義光に対して次男の家親《いえちか》を家督にするように示唆したのではないかと考えている。義康に関する史料が少ないこともあり、その点については後考を期したい。

ところで、義康の母親については、第一章第六節の義光の妻のところでも少し触れたが、天童頼貞《てんどうよりさだ》の娘と考えられている。天正一二（一五八四）年に義光は天童氏を逐った。それは、嫡男である義康の母の兄を天童の地から駆逐したことになる。また、正妻は白鳥氏の娘であり、義康にとっては複雑な思いであったろう。これらのことも、義光とのそりが合わなくなる遠因の一つだったかもしれない。

次に義康の活動が知られるのは、『聚楽第行幸記《じゅらくていぎょうこうき》』である。『聚楽第行幸記』は、天正一六

（一五八八）年四月の後陽成《ごようぜい》天皇による聚楽第行幸の記録であるが、その一五日条に「左衛門侍従豊臣義康」と出てくる。豊臣秀吉による豊臣姓下賜政策は、外様大名をはじめとする武士集団の家臣化政策の一つとして考えられている（村川浩平、二〇〇〇）が、義康は豊臣姓を下賜され、秀吉の一族的な家臣に組み入れられていたことがわかり、大いに注目される。

さて、義康の発給文書と思われるものは九点ほどある。とりわけ、文禄四（一五九五）年八月一三日に大沼大行院《おおぬまだいぎょういん》（山形県西村山郡朝日町）に宛てて、弟の家親と共に発給した文書が、まず注目される。

先述のように、豊臣秀次《ひでつぐ》事件に連座した駒姫《こまひめ》は、ほかの秀次の妻妾らと共に、文禄四（一五九五）年八月二日に京都三条河原《さんじょうがわら》で処刑されている。駒姫の生母である大崎殿《おおさきどの》も同年八月一六日に亡くなっている。当然、駒姫の父であった義光も秀次派の嫌疑をかけられて処罰の対象になっていた。徳川家康の取り成しで事なきを得たとされるが、義康と家親が連署した次の文書は、その危機的状況を表していて興味深い。

敬白　立願状之事
大沼明神御宝前
今度親父義光、身命に恙がなければ、社頭を建て直し、並びに在家は皆山伏に致します。
並びに松木を裁《伐》ってはいけません。（中略）

文禄四年乙未八月十三日

寒河江
家親（花押）
源義康（花押）

（「大沼大行院文書」）

内容は、父である義光の命が無事であったら、大沼明神の社を建て直し、（大沼明神配下の）在家者を全員山伏にし、松木は伐らせないことを祈願している。

この文書は、花押《かおう》などが疑問視され、偽文書ではないかと疑われてきた。とりわけ、「寒河《さが》江家親《えいえちか》」の部分は、のちに加筆されたものと考えられている。

しかし、義光が秀次事件に連座して危機的状況にあったことは確かであり、たとえ後世の写の可能性が高く、家親の部分や義康の花押が疑わしいにせよ、義康が父義光の無事を祈願していたことを示す興味深い史料であることに違いはない。この文書の存在を知った義光は、義康の謀叛を疑った自分を恥じたという。

なぜ、大行院に祈願したかと言えば、おそらく義康が寒河江一帯の支配を任されていたからだと考えられている。家親が寒河江の領主になる以前の文禄期に、義康が領主であったことは間違いないであろう。

次に義康が出てくるのは、慶長二（一五九七）年正月元日付けの連歌懐紙である。

元日　義康
一夜とは霞や　へたてけふの春
雪のこりつつ　しののめの山　　玄仍
慶長二年正月
朔日珍重申さるる也。

玄仍《げんじょう》は連歌師里村紹巴《さとむらじょうは》の嫡男である。どこで行われた連歌会かはわからないが、京都であろうか。義康も文人義光の血を引いて連歌を嗜んでいたのであろう。このほかにも、年末詳の連歌会で七首詠んでいる（『最上義光連歌集』三、七頁）。

その次は、慶長六（一六〇一）年になってからの書状である。義康は、下次右衛門《しもじえもん》と共に、庄内平定の先兵として、義光の代理として働いた。

第二章で述べたように、義光は天正一五（一五八七）年一〇月、念願であった庄内を獲得するが、翌天正一六（一五八八）年八月末には、上杉方の本庄繁長《ほんじょうしげなが》によって奪還されてしまった。そこで、再度庄内を奪取する機会を狙っていたが、慶長五（一六〇〇）年九月の長谷堂城合戦の勝利に勢いを得て、庄内奪還の兵を派遣することになったことは第三章で述べた。その総大将となったのが、義康であった。

この点に関して、『最上記』『羽源記《うげんき》』などでは、義光三男の清水大蔵と義光の弟楯岡光直《たておかあきなお》が大将であったとして、義康については触れられていない。史料価値の高いとされる「鮭延越前聞書」にも、庄内での戦いに関して義康が全く出てこない。他方、『奥羽永慶軍記《おううえいけいぐんき》』には、大将は嫡男義康と三男清水大蔵、軍奉行は加藤源右衛門尉、里見越後守と記載されている。それゆえ、検証する必要があるが、その際、次の義康書状は重要である。

（前略）庄内へ下られましたこと、極めて大儀なことで、やむを得ないことです。何事も里見越後と相談されて、案内と引率を頼みます。そこで、何も珍しいことではないですが、今夕に接待致したく、こちらへ御越しください。待っております。恐々謹言。

三月廿二日　義（花押）

（「下文書」）

（前略）急いで申し上げます。さて、川北攻めの儀、早速に終了致しました。次衛門殿のことは言うまでもなく、皆の活躍のゆえでございます。外聞の覚えといい私も大いに満足しております。なお、そちらのことよろしいようにお任せ致します。端午の祝儀として帷子を送ります。重て恐々謹言。

羽修

五月三日　　義（花押）　　（「下文書」）

これらの史料はいずれも、慶長六（一六〇一）年のものと考えられてきたが、内容から見ても正しいであろう。どちらも宛名は欠けているが、いずれも下次右衛門に宛てたものと考えられる。

前者は、下次右衛門の庄内での働きを慰労すると共に、何事も軍奉行である里見越後守と相談して手引きするように依頼した上で、義康の陣へ招待している。

後者は、酒田など川北を押さえたことは次右衛門の活躍によるのは言うまでもなく、みんなの働きであり、大いに満足している、というものである。

『新編庄内人名辞典』などによれば、下次右衛門は、治右衛門、吉忠、秀久などとも言う。もと上杉氏の重臣で、天正一九（一五九一）年に大宝寺《だいほうじ》城（鶴岡市）に在番した。間もなく尾浦《おうら》（大山）城に転じ、禄一四八〇石を賜った。以後、庄内の算勘奉行、代官を歴任し、慶長三（一五九八）年には二〇〇〇石に加増された。慶長五（一六〇〇）年の慶長出羽合戦に際しては、上杉方の将として庄内方面から攻め入り、谷地《やち》（山形県西村山郡河北町）の一帯を攻め、谷地城に拠った。ところが、第三章で述べたように、長谷堂城合戦での撤退命令が伝わらず、逃げ遅れて義光方の捕虜となったのである。

先の史料は両者とも、義光による庄内攻めの間の、義康と下次右衛門との関係を表しているが、とりわけ前者の史料から、義康が庄内に在陣していたことは明らかである。

下次右衛門は庄内支配のプロと言える人物であり、この下次右衛門を味方に付けたことが、義光による庄内奪取と、その後の庄内支配の成功を導いたと言える。

義康は、慶長六（一六〇一）年四月二七日付けで下勘七郎《かんしちろう》（下次右衛門の養子）に宛てた書状の中で、「今度酒田へ相働き、即刻に打ち破り、数千人を討ち捕り候て、大利を得候こと、なかんずく其方の手柄のこと、是非に及ばず候。外国の覚えと申し、我ら大満この上なく候」と述べている。こうした書状は、古文書学で「感状」と呼ばれるもので、当地の軍司令官が出すものである。のちの恩賞の際の根拠となるものであった。こうしたことから、義康が庄内方面の戦いの総責任者であったことは間違いない。

慶長六（一六〇一）年五月二〇日付けの義康書状では、秋田の西馬音内《にしもない》式部少輔《しきぶしょう》に対して、庄内での戦いに際しての功績を感謝すると共に、会津の上杉景勝《うえすぎかげかつ》討伐の準備をするよう指示している。このように、義光は庄内の戦いと戦後処理を義康に任せていたと考えられる。

以上のように義康は、義光の嫡男として庄内での戦いをうまく処理していたと考えられるが、このことは、次の慶長六（一六〇一）年四月二一日付けの今井宗薫《いまいそうくん》宛て伊達政宗《だてまさむね》書状からも確かめられる。今井宗薫は堺の茶人で、当時は家康に仕えていた人物である。

（前略）庄内のこと、ことごとく完了したと、一昨日山形修理殿（義康）から手紙をいただきました。修理殿がこの間に熱心であったことは大げさなことではありません。ついでの時に御取り成しをなさるのは当然です。また、このように庄内のことが済んだのも、去年の冬に最上へ加勢を致し、庄内城主の下（次右衛門）という者を押さえたこと、また、修理殿の働きの結果でございます。（中略）出羽守（義光）の時は、なかなかこのようにうまくはいきませんでした。奇特なことと存じます。（後略）

（「観心寺文書」）

右の書状では、政宗が宗薫へ最上氏による庄内制圧を伝えている。すなわち、①山形修理（＝義康）から四月一九日付けで庄内制圧がことごとく済んだことを伝えてきたこと、②庄内制圧がうまくいったのは、下次右衛門の活躍と義康の働きの二つを挙げ、③出羽守（義光）の時は（庄内制圧が）うまくいかなかった、などと述べている。こうした政宗の評価からも、義康の庄内平定における非凡な働きが見えてくる。また、慶長六（一六〇一）年八月の上杉景勝の米沢移封に際しては、奥羽の大名と共に、義康が配下の六六〇〇名もの兵を率いて警備に当たるように徳川から出陣が命じられている（『横手市史』史料編、古代・中世）。すなわち、義康は父義光の跡継ぎの道を順調に歩んでいたのである。

ところで、従来は最上勢の酒田攻略がいつであったかはっきりせず、四月二四日とする説もあったが、この書状によって四月一九日以前であることは明らかであり、本書では「鮭延越前聞書」の四月二日説をとっている。

ところで、生前の義康の立場を考える上で、次の史料も示唆に富んでいる。

国より処々の関・渡往来のこと、先規に任せて子細あるべからざるの状、件《くだん》のごとし。

慶長九年七月三日　　義康（花押）

大沼別当

盛廣坊

（「大沼大行院文書」）

右の史料は、慶長九（一六〇四）年七月三日付けの義康の過所《かしょ》（通行許可証）である。すなわち、義康が大沼大行院別当に関・渡の往来を従来通りに許可したものである。

もっとも、この史料は明らかに偽文書である。なぜなら先述のように、義康は慶長八（一六〇三）年八月一六日に横死していたからである。それゆえ、この史料は当然ながら、従来は全く注目されてこなかった。しかし、翻って考えてみると、こうした偽文書が作成されたこと自体は大いに注目される。これ以前にも義康が過所の発給を行っていたからこそ、こうした偽文書が作成されたと考えられるからである。それゆえ、慶長以前には義康も過所の発給を行っていたのであろう。特に、支配を任されていた寒河江一帯に関しては、十分考えられる。

以上のように、義康は義光の跡継ぎ候補として十分な経験と実力を有していた。逆に言えば、暗に次男の家親を跡継ぎに推していた家康の意向を汲まざるを得なかったがゆえに、義光の本意ではなかったのかもしれないが、義康は殺されてしまったのであろう。

第二節　次男家親

次に家親（一五八二〜一六一七）について見ておこう。家親は、嫡子義康の横死によって、次男ながら義光の跡を継いで山形藩第二代を継ぐことになった。慶長一九（一六一四）年二月六日のことである。従来、家親については、その死が注目されるばかりで、彼の生涯の全体像が明らかにされているとは言い難い。

『寛政重修諸家譜』によれば、天正一〇（一五八二）年、山形生まれである。母については、「宝幢寺本最上家系図」によると、義康と同じく天童頼貞《てんどうよりさだ》の娘とされる。

> 家親　母は天童四位少将頼貞女、幼名は左馬介、後に駿河守、寒河江殿、十三歳の時、神君奥州九戸へ御進発の砌《みぎり》、義光公同道にて御目見え、即ち神君、御国守の息、被官仕まつる始也とて、家の字を賜ひ、駿河城勤仕し、侍従となる、元和丁巳年三月六日に

逝去、（中略）、行年三十六歳、（中略）江戸にて卒、義光二男

すなわち家親は、義光の次男で、幼名を左馬介と言い、のちに駿河守となり、寒河江殿と称された。一三（一〇の誤りヵ）歳の時に、徳川家康が九戸《くのへ》討伐に際して東北へ来た時に、義光に同道して拝謁を遂げた際、義光は家親を家康の配下に捧げた。大名家の者では初めてだったので、家康は大いに喜び「家」の一字を与えた。駿府城で家康に仕えた。元和三（一六一七）年三月六日に三六歳で江戸にて死去した。なお、九戸討伐は天正一九（一五九一）年なので、家親は一〇歳の時である。

以上のように、「宝幢寺本最上家系図」には家親の略伝が簡潔にまとめられている。他方、『寛政重修諸家譜』には次のように記されている。

初義親、太郎四郎、左馬助、駿河守、従五位下、侍従、従四位下、母は某氏（中略）（慶長）十九年正月廿五日、両御所江戸より小田原に御巡見あるの時、義光卒するの告をきこしめされ、急ぎ封地に行て、国政を沙汰すべき旨台命を蒙る、二月六日遺領を襲（中略）、其後大坂の役に供奉せん事を請奉るの処、幼年より召仕はれ御心安く思し召されし迚、江戸城の御留守を命ぜられ、廿三日鳥居左京亮忠政・米津勘兵衛田政・嶋田兵四郎利正と諸事をはかりて、御留守を勤むべしとの御書を賜ふ、（元和）三年二月六日山形に於て卒す、

年三十六（後略）

まず注目されるのは、初め義親と号したとあることだ。従来、義親と言えば、「常念寺本系図」（宝暦一〇〈一七六〇〉年）などにより、義光の三男が清水義親《しみずよしちか》と名乗ったかのように言われてきた。

他方、『寛政重修諸家譜』には家親の初名が義親とある。嫡男であった義康が「義」を通字としたことや、『寛政重修諸家譜』が公的な家譜であることを考えると、当初は義親であった可能性もあり得る。となると、三男の清水義親は如何なる名前であったのかが問題となるが、この点はあとで議論したい。

『寛政重修諸家譜』によれば、家親は慶長一九（一六一四）年二月六日に山形藩第二代となった。

また、大坂の陣では江戸城の留守居役を果たした。

ところで、家親も多くの文書を発給・受給したはずだが、一部分とはいえ文書が残っている。管見に及んだ最上家親関係文書（五七例）に関して、最も古いものは、本章第一節で取り上げた文禄四（一五九五）年八月一三日付けの最上義康・家親連署祈願状である。

先述したように、本来この祈願状は、「義康」単独のものだったが、のちに「寒河江家親（花押）」を加筆したものと考えられてきた。確かに家親の花押も、確実な文書の家親花押とは全く異なっているので、後世に作成されたものかもしれない。また、家親には「寒河江」と注記されているが、「宝幢寺本最上家系図」によれば寒河江殿と呼ばれたとある。しかも後述するように、慶長七（一六〇二）年から一九（一六一四）年まで寒河江の領主であったことを示す発給文書があり、兄義康の後任として寒河江周辺を任されたのであろう。とはいえ、文禄四（一五九五）年当時の寒河江領主は義康と考えられていることからも、この連署祈願状は疑わしいことになる。

次に古いのは、慶長七（一六〇二）年四月二日付けの家親安堵状である。ここでは慶長七（一六〇二）年一一月二八日付けの松田角助宛て知行宛行状を挙げておく。

この度、申してきたので、控え地として預け置く田の事
右の地は、月布の内にあり、五百卅苅のところを、散田として預け置くことは実正である。
もし、今より以後において、違乱の儀があれば、本状をもって糺明すべきである。（中略）
慶長七年
寅霜月廿八日　　家親（花押）
松田角助とのへ
（「大泉文書」）

右文書の宛名である松田角助という人物は、現存する「最上家分限帳」（最上家の家臣団名簿）

には見えない。ただし、「松田長作」「松田」「松田長助」なる人物は見える。ことに、第三代家信《いえのぶ》時代の「最上家分限帳」に一四〇石の武士と見える「松田長助」とは名前が似ており、その一族の可能性はある。

この文書では、家親が月布《つきぬの》（山形県西村山郡大江町）内の土地を宛行っており、寒河江殿として家親は、そのあたりも支配していたのであろう。庄内では石高表記で生産高が表記されていたが、寒河江領は束苅表記という中世的な表記であり、寒河江に関しては中世的な土地支配関係を継承していたと考えられている（『寒河江市史』上巻）。

以後、寒河江殿としての発給文書が、襲封する慶長一九（一六一四）年二月まで続く。もっとも、『寛永諸家譜』の最上氏の項によれば、

慶長元年最上より江戸に来たりてつかえたてまつる。時に十五歳。同五年景勝謀叛のとき、家親台徳院殿（徳川秀忠）の供奉いたし宇都宮にいたり、其より信州真田（上田）におもむきたまふ。御供をつとむ。同十年四月八日侍従に任ず。同十五年琉球国の王来朝して、御礼のとき家親奏者の役を勤む。其外摂家衆御対面の時も、時宜によりて披露す。

とあり、慶長元（一五九六）年からは江戸での暮らしが続いていたようである。慶長五（一六〇〇）年の慶長出羽合戦の時も、徳川秀忠《ひでただ》に供奉して宇都宮まで行き、そこから信州上田の真田攻め

に赴いた。また、慶長一五（一六一〇）年の琉球王の来朝に際しては、家親は奏者《そうじゃ》の役を務めた。それゆえ、寒河江殿と称されていたとはいえ、襲封までの寒河江支配は現地の代官に任せていたのであろう。

寒河江市慈恩寺《じおんじ》の宝林坊文書によれば、慶長八（一六〇三）年三月一二日付けで、家親は知行宛行を行っている。すなわち、「かるひ沢」の内、三〇〇束刈のところを清九郎に対して永代に宛行っている。この「かるひ沢」がどこかはっきりしないが、寒河江周辺の地と考えられる（西村山郡西川町ヵ）。おそらく、寒河江殿としての仕事であろう。

ところで、封建社会においては主従関係の樹立が重要であったことは言うまでもない。その一つの手段が知行地の宛行であった。また、いま一つの手段として、自己の名前の一字を与えることがあった。その一字を授与したことを証する文書を一字状（一字書）と言う。

家親も、七例の一字状を残している。

親

慶長拾七年　駿河守

正月十一日　（花押）

市田喜三郎とのへ

（「池田文書」）


右の文書は、慶長一七（一六一二）年正月一一日付けで、市田喜三郎に「親」の一字を与えたことを伝えている。「分限帳」には市田五左衛門なる人物がおり、それが市田喜三郎の成人後の名前であろう。市田五左衛門の諱《いみな》に「親」の字を貰っていたのであろう。

以上のように、家親も一字を与えて家臣の掌握を目指していたのである。

第三節　東北における大坂の陣

ところで、家親の第二代藩主時代における最大の事件と言えば、大坂の陣がある。慶長一九（一六一四）年から慶長二〇（一六一五）年にかけて、豊臣秀頼《ひでより》を中心とする大坂方の、徳川家康に対する最後の戦いが起こった。それが大坂の陣である（笠谷和比古、二〇〇七）。

江戸幕府は慶長一九（一六一四）年一〇月一日に動員を開始したが、大坂方は堅城大坂城によって守られ、一二月にいったんは講和が成立した。この戦いを大坂冬の陣と言う。しかし、翌慶長二〇（一六一五）年四月には再び戦端が開かれ、五月八日に淀君《よどぎみ》と豊臣秀頼が自殺したことによって戦いは終わった。この戦いを大坂夏の陣と言う。それゆえ、平成二七（二〇一五）年は大坂の陣から四〇〇年にあたり、研究が進んだ。

従来、家親と大坂の陣との関わりについては、両度の大坂の陣において江戸城留守居役を務めたという事実の指摘で終わっている。この留守居役であったこと自体、外様大名では異例中の異例とも言うべき厚遇である。逆に言えば、家親への家康・秀忠の信頼度の大きさが読み取れるであろう。

弟光氏との戦い

ここで、より注目されるのは、大坂の陣開戦における家親の役割である。奥羽の戦国時代を活写した『奥羽永慶軍記《おううえいけいぐんき》』（一六九八年成立）によれば、家親が近習の山崎勝蔵を間者（スパイ）として弟の清水大蔵大輔光氏《しみずおおくらたいふ》（満氏《みつうじ》、氏満《うじみつ》とも）の許に送り込み、豊臣秀頼から送られてきた謀叛の協力要請の手紙を盗み出させ、それを秀忠に届けたことによって、大坂討伐が決定したということになっている。

この清水光氏（氏満）は義光の三男であるが、最上川の要衝である清水城（山形県最上郡大蔵村）の領主清水義氏《よしうじ》の養子となった。慶長五（一六〇〇）年の慶長出羽合戦における庄内での戦いに際しても、兄義康《よしやす》と共に大将として出陣していることは前述した。

ところで清水光氏は、「光明寺本系図2」によれば慶長一九（一六一四）年一〇月に三三歳で死去するので、天正一〇（一五八二）年に生まれことになる。「宝幢寺本系図」によれば、関ヶ原合戦以後に清水へ下向したという。

関ヶ原合戦以後は、二万七〇〇〇石を有する、最上一族中において家親、本城《ほんじょう》氏に次ぐ最大の領主であった。しかし、家親とは仲が悪かったようで、家親にとって清水光氏は、義光死後の最上一族において最も警戒すべき人物であった。しかも、「宝幢寺本系図」「光明寺本系図2」では、注記に「始は大坂秀頼公」とあり、その意味はおそらく豊臣秀頼に仕えていたことを表すのであろう。天正一八（一五九〇）年八月には、小田原攻めを終えた秀吉に対して、義光は妻子を人質として上洛させている（「浅野家文書」「吉川家文書」）。それゆえ、この時の人質とは清水御前と光氏だったのかもしれない。

ところで、清水光氏は、従来は義親とされてきた。確かに、系図によってその呼び名を異にする。滅ぼされた人物であり、記載のない系図すらもある。「宝幢寺本系図」「最上・天童・東根氏系譜」「最上家系図（菊地本）」「常念寺本系図」は、光（満）氏とし、『寛政重修諸家譜』「最上家譜」「光明寺本系図2」は氏満としている。

しかし、いずれにせよ、光（満）氏か、氏満であったのであろう。そのいずれかに決められなかったために、「常念寺本系図」（一七六〇年成立）では本（初）名とされた義親が使われたのかもしれない。しかし先述のように、義親という呼称は、『寛政重修諸家譜』と「光明寺本系図2」では家親の初名としている。それゆえ、本書では義親は家親の初名とし、義光の三男は光氏または氏満と考えておきたい。

この清水光氏（氏満）の名を考える上で、『大蔵村史』によって初めて紹介された次の正月一二日付け（年未詳）の書状は注目される。

当春の御祝儀として、扇子を送ってくださり、誠に祝着の至りです。（中略）

正月十二日　山形大蔵
光氏（花押）

小野寺刑部殿
御返報

（「酒田市本間美術館所蔵文書」）

内容は、新春の挨拶として贈られた扇子への礼状である。差出人の「山形大蔵光氏」は清水大蔵大輔と考えられている。宛名の小野寺刑部《おのでらぎょうぶ》は秋田の小野寺氏の一族で、最上家の「分限帳」にも見える中堅の武将と考えられている。小野寺氏は、家康のたびたびの東軍への出兵要請にもかかわらず、兵を出さなかったために、関ヶ原合戦後は滅亡させられているが、小野寺刑部は最上家に仕えることができたようだ。それゆえ、本書状は慶長六（一六〇一）年正月以後のものと考えられている。とりわけ注目されるのは、「山形大蔵光氏」と名乗っている点で、まだ清水に下っていなかった時期かもしれない。とは言え、「山形大蔵光氏」とは清水大蔵大輔のことであろう。とすれば、光氏と名乗っていたことになる。

さて、家親は慶長一九（一六一四）年九月一五日には江戸へ向かうが、翌一〇月三日には延《の》沢《べさわ》遠江守光昌《あきまさ》や左沢《あてらざわ》城主の日野将監《ひのしょうげん》らによって清水城攻撃がなされ、清水氏は滅んでいる（『延沢軍記』）。家康が秀忠に対して大坂方攻撃の動員を命じたのが一〇月一日であったことを考えれば、まさに清水城攻撃が、家親の大坂方謀叛の証拠の提出と、それを受けて家康が秀忠に動員を命じた直後と符合する。清水城攻撃は、「東北の大坂の陣」と評すべき動きの一環と考えるべきであろう。

そこで、家親による清水城攻撃を見ておく。

このたび、そちらで不思議のことが起こり、志村九郎兵衛をはじめ各々殺されたとのこと、笑止千万です。それについて、一栗兵部があなたの屋敷に走り籠り、火を付けたところ、あなたは何も取り合わずに、早々に城へ参ったとのこと、奇特な心掛けであり、大慶なことです。かしく。

六月六日　家親（花押）

小国摂津守とのへ

（「八幡吉右衛門氏所蔵文書」）

右の史料は、慶長一九（一六一四）年六月六日付けの家親書状である。宛名の小国《おぐに》摂津守は父義光の重臣で、四〇〇〇石を有し、蔵増城《くらぞう》（天童市）の城主であった。のちに庄内城へ移り、慶長一六（一六一一）年には田川郡《たがわ》湯ノ沢村《ゆのさわ》などを知行した（『新編庄内人名辞典』）。本書状は、慶長一九（一六一四）年六月一日に起こった一栗兵部高春《いちくりひょうぶたかはる》による謀叛事件を伝えており、それゆえ年次を欠いているが、慶長一九（一六一四）年の文書と断定でき、義光の跡を継いで間もない頃の書状であることがわかる。

一栗高春は、もとは大崎氏《おおさき》に仕えた奥州玉造郡《たまつくり》の一栗館主であったが、天正一八（一五九〇）年の大崎・葛西《かさい》一揆ののちに義光の家臣となり、田川郡添川《そえがわ》に一〇〇〇石を有した。しかし、義光の死後、慶長一九（一六一四）年六月に、義光の三男清水大蔵大輔（光氏）を擁し、志村光惟《しむらあきただ》らと諮って、家親への謀叛を計画した。ところが、鶴岡城主の新関久正《にいぜきひさまさ》らに漏れて六月一日に逆に討たれた。本書状によれば、家親は小国摂津守が一栗に同意せず、一栗が小国の屋敷に火をかけたにもかかわらず、取り合わずに鶴岡城へ参り、一栗討伐に加わったことを褒めている。

この一栗事件は衝撃を与えた。と言うのも、清水大蔵大輔光氏は豊臣氏に仕えたこともあり、一栗の謀叛は清水大蔵大輔と連携していたとされたからである。慶長一九（一六一四）年一〇月には大坂冬の陣が始まるが、家親は一栗の謀叛は豊臣秀頼方に付く清水大蔵大輔の意志の表れと理解したのであろう。同年九月一五日に家親は江戸へ向かったが、一〇月には家親の意を受けた延沢らが清水大蔵大輔を襲い、同月三日に清水大蔵大輔は自害した。

一方、徳川家康は、慶長一九（一六一四）年一〇月一日に全国の大名へ動員をかけて大坂城を囲み、豊臣秀頼討伐を目指したが、堅牢な大坂城に阻まれた。そのため、いったんは講和をしたが、家康は大坂城の堀を埋めさせた上で、翌慶長二〇（一六一五）年四月に再戦を挑み、大坂方は敗れ、ついに五月八日に淀君と秀頼は自害した。

春中の大坂御陣の際、上意として定め置かれた軍役の通りに、以後においても油断を存じてはなりません。そのために書き付けをもって申し付けます。（中略）

一、馬上弐拾三騎
一、鉄砲　百拾挺
一、鑓　　百三丁
一、のぼり　拾本
已上
元和元年
九月日　　親判
本城豊前守殿
（奥書）
「由利御軍役のうつし」

（「本城文書」）

右の史料は、元和元（一六一五）年九月日付けのもので、由利《ゆり》城主の本城豊前守に対して軍役準備を命じている。騎馬武者二三騎、鉄砲一一〇挺、鑓一〇三本、幟《のぼり》が一〇本という内容である。まさに、山形藩主としての発給文書である。

この史料からは、慶長二〇（一六一五）年五月の大坂夏の陣による豊臣家滅亡後、九月においても大坂方の残党の蜂起に対する備えがなされていたことがわかる。

家親は、これら大坂の両陣に際して、江戸城留守居役を命じられた。『寛政重修諸家譜』によれば、「鳥居左京亮忠政・米津勘兵衛田政・嶋田兵四郎利正と諸事をはかりて、御留守を勤むべし」とある。外様大名である最上氏が、鳥居忠政《とりいただまさ》・米津田政《よねきつたまさ》・嶋田利正《しまだとしまさ》といった譜代・旗本の連中と共に江戸城留守居役を命じられたことは、家康の家親への信頼の厚さを示している。

これこそ、家親の山形藩主としての最大の事績であろう。

また、山形領内においても、以下のような命令を発している。

一、羽黒山の手向のこと、養蔵坊が意見を申したように、宝善坊職に宛行《あてが》われた。羽黒一山に庄内の奉行人は介入してはいけないこと。

一、羽黒一山中において宝善坊職の意見に違反する輩のこと、即時に山中を追放すべきこと。

（中略）

慶長十九年甲寅七月十八日　　家親　判

羽黒山宝前坊執行宥源

（「玉蔵坊文書」）

慶長一九（一六一四）年七月一八日付けで、家親は羽黒山別当宥源《はぐろさんべっとうゆうげん》に対し、養蔵坊《ようぞうぼう》の申し出の通りに、羽黒山手向支配権を認めている。また、最上氏配下である庄内奉行人の羽黒山一山中への関与を否定している。養蔵坊は、上杉領時代における羽黒山の支配を任されていた養蔵坊清順《せいじゅん》のことである。すなわち、上杉領時代の慣例に従ったことになる。さらに、羽黒山中での宝善坊職の「独裁」権を認め、宝善坊に反対する者は追放することにしている。

宥源は、江戸時代における羽黒山中興の祖として知られ、羽黒山の参道整備などを行った。とりわけ、羽黒一山の天台宗化を進めたために、真言系の湯殿修験《ゆどのしゅげん》との対立が起こった。宥源のそうした活動は、天台宗を重視する江戸幕府と密接な関係のあった家親との連携作業であった。この点は大いに注目される。以上、家親も山形藩主第二代として着々と施政を行っていたことがわかる。

家親急死

しかし、江戸幕府との協調路線をとりながら山形藩五七万石の治世を開始した矢先、家親は元和三（一六一七）年三月六日に三六歳で急死してしまう。

その死については謎が多い。まず、家親が山形で死去したのか、江戸で死去したのかがはっきりしない。『山形県史』は、伊達政宗が佐竹氏に宛てた書状中に「今日六日、死去」という文言があることから、山形で亡くなったとされており、他方、近年では『徳川実紀』や『寒松《かんしょう》日記《にっき》』の記述から、江戸で亡くなったとされてきた。すなわち、両説が並立している。

しかし、『山形県史』に収められた、政宗が佐竹氏に宛てた書状の「今日六日、死去」は「今月六日、死去」の誤読である。しかも、『徳川実紀』には「在府」中ではなく「今年在邦して」死去したとあるにもかかわらず、それを『山形市史』が「在府」と誤記したことなどから江戸で死去したと考えられてきた。ここでは『徳川実紀』の「在邦中」に従い、山形で死去したと考えたい。家親は山形で猿楽《さるがく》を楽しんでいた時に苦しみ出し、二日後に死去したという。この急死が謎を呼び、のちには毒殺されたという説すら生まれることになったのである。

第四節　嫡孫家信——最後の山形藩主

元和三（一六一七）年三月六日、家親は山形で死去した。三六歳の若さであった。その跡を継いで山形藩第三代藩主となったのが家親の嫡男家信《いえのぶ》（一六〇六〜三二）である。わずか一二歳であった。

ところで家信は、のちに義俊《よしとし》と名を変えている。いつから名前を変えたのか、はっきりとしない。従来は最上家改易を機に変えたと推測されてきた。まずはこの問題を、最上家信発給文書（管見では二八例）の分析を通じて見てみよう。

以上
遠路わざとの飛札、ことさら白布一端給り候。喜悦に候。何様重ねて登りの節に申すべく候。謹言。

閏八月十三日　　最　源五
　　　　　　　　家信（花押）

慈恩寺
　別当坊
　　まいる

（「慈恩寺最上院旧蔵文書」）

右の史料は、慈恩寺《じおんじ》別当《べっとう》宛ての閏八月一三日付け家信書状である。内容はさほど重要ではないので全訳はしないが、遠路はるばる手紙と白布一反をいただいたことへの礼状である。ここで注目したいのは、「最 源五家信」と名乗っている点である。家信が家督を継いだ元和三（一六一七）年から死去する寛永八（一六三一）年までの間で、閏月が八月なのは元和九（一六二三）年だけであり、本書状は元和九（一六二三）年のものと断定できる。とすれば、元和八（一六二二）年八月の最上家改易後、翌元和九（一六二三）年閏八月までは家信と名乗っていたことがわかる。推測だが、徳川家康ゆかりの「家」という字を使うことを憚って名を変えることにしたのかもしれない。ここでは改易前から改易期までを中心に扱うので、家信と表記する。

一二歳の家信は、山形藩五七万石、家臣団一万人を治める領主としてはあまりにも幼く、家臣団は、義光の四男で家信の叔父にあたる山野辺義忠《やまのべよしただ》を家督に推すグループが多数派であった。彼らは、家信の家督相続に公然と反対した。その上、家信自身が傾城《けいせい》（遊女）に溺れ、酒に耽るなど、領主としての資質を欠いていたこともあって、元和六（一六二〇）年三月には江戸幕府の目付二人が派遣されることになった。

結局、家信襲封後わずか六年目の元和八（一六二二）年八月に改易となり、近江・三河の領地を合わせて一万石の大名として国替えの憂き目を見ることになった。家信自身も責任を取らされ、寛永五（一六二八）年まで江戸藩邸での蟄居《ちっきょ》を命じられている。

そのために、家信についてはほとんど論じられることもなかった。しかし、小野末三氏によって研究がなされており、ここでは筆者も家信の発給文書などを使って家信像に迫ってみたい。

家信は改易されたために、ことさら愚君の面が強調されるきらいがある。確かに、佐竹氏の史料（「元和八年三月九日付け佐竹義宣書状」『大日本史料』一二編ノ四四所収）などによっても、家信が傾城に溺れ、酒に耽るなど領主としての資質に欠けたところがあったことが指摘されているので、家信の一面を突いているのは確かであろう。

しかし、改易されるに至った背景には、一丸となって難局に立ち向かえなかった山野辺義忠ら重臣たちにも大いに責任がある。山野辺義忠は、のちに水戸徳川家へ再仕官し、徳川光圀《みつくに》の侍従役を務めた。ただし、テレビドラマ『水戸黄門』に登場する国家老の山野辺兵庫との関係は不明である。

家信の事績についてであるが、まず、元和五（一六一九）年五月八日に将軍秀忠《ひでただ》が上洛した際、江戸留守居を命じられている。さらに、間もなく起こった福島正則《ふくしままさのり》の改易に際して、江戸の福島邸を押さえる役割を担ったことが挙げられる。

元和五未、福嶋左衛門大夫御改易の節、家人ども異心を含むと、流布したので、源五郎（家信）を召されて、彼屋敷へ馳せ向かいて、請け取るべし。もし家人ら異議に及ぶならば、残らず討ち捕り申すべき旨、仰せ付けられた。御城より直ちに福嶋屋敷へ馳せ参り請け取り、御褒美として直光御刀を賜った。

（「最上家譜」）

「最上家譜」によれば、家信は元和五（一六一九）年の福島正則の改易に際し、不穏な動きのある福島邸に向かい、接収したのである。三年後には自らも改易の憂き目に遭うとは、この時には想像もしなかったであろうが、運命の不思議としか言いようがない。

次に、元和六（一六二〇）年に江戸城普請を命じられ、家臣を督励し、無事遂行している。

一筆申します。さて、そちらの普請に関してだが、炎天の時に骨折りをされ、ともに大儀の至りである。（中略）

七月廿一日　家信

和田左衛門との へ

（『雞助編』所収文書」）

右の史料は、七月二一日付けの和田左衛門宛て家信書状とされている。年次を欠いているが、次の二つの史料と考え合わせると、元和六（一六二〇）年の江戸城拡張工事関係のものであることがわかる。

このたびの清水門普請が完成し、上様（将軍秀忠）の御機嫌もよく、よろず仕合わせとの

こと、これ以上の満足はない。（中略）
九月朔日　　家信　判
和田左衛門とのへ

このたびの清水門殿の丁場（＝担当部分）が出来もよく早々に完成したとのこと、かたがた精を入れられたおかげと、大慶これに過ぎない。（中略）
九月廿六日　　家信　判
和田左衛門とのへ

（どちらも『雞助編』所収文書）

いずれも、元和六（一六二〇）年の江戸城拡張工事に関わる和田左衛門宛ての家信書状である。以上の三つの書状からわかるように、家信は、将軍秀忠から江戸城の清水門《しみずもん》（江戸城北の丸の東側にある）の工事担当を命じられた。和田左衛門は暑い中、七月二一日にはすでに清水門の工事を行っており、九月一日には家信の担当箇所が完成、その出来栄えは将軍秀忠の満足するものであったことを伝えている。

この元和六（一六二〇）年の江戸城拡張工事は、東国の大名に命じられ、内桜田門《うちさくらだもん》から清水門までが整備された。六二万石の伊達政宗《だてまさむね》は金二六七六枚、延べ四二万三〇〇〇人の人夫などを負担している。五七万石の最上家信も、政宗の九割ほどの負担を命じられたはずである。それゆえ、改易されていなければ、ここに引用した和田左衛門宛て以外にも多くの史料が残ったであろう。短い治世期間ではあったが、徳川家の信任が厚かった家親の跡継ぎとして、江戸留守居役を命じられ、大大名として江戸城の拡張工事も完成させていたのである。

最後に、元和八（一六二二）年八月の最上家改易について、「最上家譜」によって少し詳しく事情を見ておこう。

先述したように、父家親が急死したのちに家督を継いだ家信は、若年で国政に熱心でなく、常に酒色を好み、宴楽に耽った。家老らが諫めても聴かなかったという。そのために、最上家臣団の中で、義光の四男にあたる山野辺義忠を家督に推すグループが大勢を占めるに至った。しかし、義光の甥で重臣の松根《まつね》光廣《あきひろ》だけがそれを認めず、家信が家督を継ぐことを主張した。その上、家親の急死には毒殺の疑いがあり、それは義忠、小国日向光松、鮭延《さけのべ》秀綱《ひでつな》らの逆意によるものである、と幕府に訴え出たのである。

この訴えにより、幕府の判断がなされ、松根光廣の主張には証拠がないとされたが、松根への処分がなされなかったために、義忠らが激怒し、家臣団の分裂は抜き差しならないものとなった。

最上家の重臣の一人であった東根《ひがしね》（里見）景佐《かげすけ》は、元和六（一六二〇）年一二月、最上家は三年と持たないであろうと予言しつつ死去した。それほど、家臣団の心はまとまらなかったのであろう。主人たる家信もまた、そうした状況においても遊女に溺れ、酒に耽る生活を行うなど、生活を改められない、凡庸な男であったのであろう。

結局、江戸幕府は、家信が若い間は六万石の領地とし、その間に家臣団がうまく支えられたら、五七万石に戻すという妥協案を提示したが、義忠たちがその妥協案すら拒否したため、最上家は改易されることになってしまった。最上家は、大名とは言え、近江・三河の領地を合わせて一万石に転落してしまったのである。

家信は責任を取らされ、江戸藩邸で蟄居処分となり、許されたのは寛永五（一六二八）年九月であった。そして、寛永八（一六三一）年一一月二二日に二六歳で死去した。浅草の太平山万隆寺《まんりゅうじ》に葬られ、号は月照院華嶽英心《げっしょういんかがくえいしん》である。

最上家は家信で終わったわけではない。寛永九（一六三二）年に最上義智《よしさと》（一六三一～九七）が家信の跡を継いだ。時に二歳であったが、近江大森（滋賀県東近江市）五〇〇〇石の領主となったのである。義智は大森の地を良く治めた名君として知られ、現在も大森では「最上まつり」が行われて、最上時代が慕われているという。

おわりに

以上、最上義光の事績を中心に、その一族について見てきた。とりわけ、義光の人生を三つに区切って見てきた。義光は、羽州探題《うしゅうたんだい》の継承者としての矜持を持ち、天正一二（一五八四）年に村山地方一帯を支配下に入れ、天正一五（一五八七）年には山形西部の庄内地方も手に入れた。翌天正一六（一五八八）年には羽州探題に任命されて、羽州探題再興の夢も叶えられた。しかし、上杉氏によって、すぐに庄内地方を奪取された。それでも、慶長五（一六〇〇）年の関ヶ原合戦以後は、庄内および由利《ゆり》郡（秋田県南部）さえも支配下に入れて、五七万石の大大名として領内支配の確立を目指していった。そのことは、彼の発給文書からも窺われ、横折紙の印判状の大量発給などを行っている。

義光は、置賜《おきたま》地区を除く、ほぼ山形県域と秋田県南部を支配し、最上川の改修、道路の整備、北楯大堰《きただておおぜき》の建設による庄内平野の開拓など、現在の山形県の基礎を作った人物と言える。

最上家三代の山形藩は、表高五七万石で実高は一〇〇万石と言われた。その規模の大きさは、私には見当も付かないが、義光はその富を使って文化的にも瞠目すべき政策を行ったことは本文で述べた。

京都から一流の連歌師であった乗阿《じょうあ》を山形に招いて連歌会を開いたことは、よく知られている。

また、本文でも紹介したように、近年注目を集めている一遍上人絵伝《いっぺんしょうにんえでん》の一つである、重要文化財光明寺本「遊行上人絵《ゆぎょうしょうにんえ》」なども作成させている。とりわけ私が驚いたのは、大変有名な国宝『伴大納言絵詞《ばんだいなごんえことば》』までをも一時期所有していたことである。そうしたことは、『伴大納言絵詞』の伝来研究において全くと言っていいほど知られていない。

また、義光と言えば、白鳥十郎の謀殺による謀略家のイメージがあるが、それも本文で明らかにしたように、織田信長の命令を受けたものであったと考えられる。義光の政治理念は彼が最も多く使った「七得」の印に示されるように、武の七徳を広めることであったはずである。とにかく、戦国武将たちを、現在の価値観から「義」の人だ、「悪人」だと判断すべきではないと言っておきたい。

ところで、東北大名の中での最上家三代の位置づけという課題が残っている。義光時代においては、本文で述べた長谷堂《はせどう》城合戦に凝集して示したように、豊臣政権における五大老の一人であった上杉景勝《うえすぎかげかつ》勢の二万もの兵員を奥羽の地に引き留めたことが、関ヶ原合戦の勝敗に決定的な影響を与えたことは否定できない。まさに、家康に天下を獲らせた男と言えるだろう。それゆえに、徳川家康は、論功行賞に際して二〇万石の大名から五七万石の大大名として処遇したのである。第二代家親《いえちか》も、義光に倣って、外様大名でありながら家康・秀忠に極めて近い立場を継承し、米沢藩上杉家や仙台藩伊達家ほかの押さえの立場を担っていた。その端的な表れが、大坂の陣における家親の、江戸城留守居役担当という役割に結実した、と言えよう。第三代家信《いえのぶ》も、江戸城清《し》水門《みずもん》の建設を担うなど、そうした役割を継承しようとしたのかもしれないが、藩内を収めきれず、改易の憂き目に遭ってしまったのである。

私は、これからも最上義光関係文書など最上家関係資料を収集し、義光が五七万石の大大名に相応しい扱いを受けるようにすべく、研究面で努力したいと考えている。言い換えれば、伊達政宗や上杉景勝ばかりが注目される中で、最上義光を見なければ、東北大名の動きは理解できないということを主張していきたい。

あとがき

私は、昭和五六（一九八一）年四月に山形大学教養部へ着任した際、学生たちに初代山形藩主最上義光の話をしたが、その際、義光を「よしみつ」と読んで、逆に学生たちに「よしあき」と訂正された苦い苦い思い出がある。その当時は二七歳の駆け出しの教師で、大いに恥じ入ったものだ。私自身がそんな体たらくだったので、他人のことを云々する資格はない。その後も、山形を訪ねてくれる友人・知人たちに最上義光のことを聞かれるたびに、自らの無知を知らされた。そうした体験が、最上義光研究の原動力の一つとなった。

ことに、ターニング・ポイントとなったのは、平成一四（二〇〇二）年に創設された山形大学都市・地域学研究所（以下、都市研と略す）の所長となったことである。都市研は、都市と地域をキーワードに、山形県域を中心にその魅力と問題点などを研究し、町づくりに役立てることを目標として、学際的な研究を行う全学的な組織である。当初は、研究成果を公開講座で報告するレベルであったが、現在では学術的な研究に基づいた種々の町おこし的なイベントも行っている。都市研の研究成果は、山形大学都市・地域学研究所編『山形学――山形の魅力再発見』（山形大学出版会、二〇一一）に結実している。とりわけ、平成二二（二〇一〇）年からは、「山形偉人再発見プロジェクト」を企画し、外交官で国際法学者の安達峰一郎《あだちみねいちろう》や最上義光に注目した研究活動を展開している。私が、最上義光に関する著作を著すことになったのも、都市研の「山形偉人再発見プロジェクト」で最上義光を担当し、史料の博捜などの費用の一部を学長裁量経費から与えられ、毎年研究成果の発表を行ってきたからでもある。それゆえ本書は、その成果であると言える。

平成二五（二〇一三）年は最上義光歿後四〇〇年という節目の年で、山形市を中心にようやく最上義光に関する関心が高まり、義光歿後四〇〇年記念のイベントが繰り広げられた。その際、最上義光歴史館で光明寺所蔵「遊行上人絵」一〇巻の特別展が開催されたことも画期的であった。光明寺本の「遊行上人絵」一〇巻は、普段は奈良国立博物館に寄託されているが、義光歿後四〇〇年記念イベントの目玉として、全一〇巻が最上義光歴史館で一堂に展示されるに至ったのである。その会期中に、私もギャラリー・トークをする機会が与えられ、会期中は、ずっと最上義光研究三昧の暮らしをすることになった。光明寺本の「遊行上人絵」を生《なま》で、身近に見られたのも楽しい思い出であるが、本書の構想を練る機会ともなった。

また、平成二六（二〇一四）年七月には、私の最上義光研究などに対して山形市市政功労賞（教育・文化部門）が授与された。研究は私の仕事であり、それに対して賞が授与されるなど思ってもみなかったので、大変光栄に感じている。と同時に、著書として成果をまとめる義務も感じてきた。本書のような形でまとめることができ、ホッとしている。

それも、北畠教爾氏、片桐繁雄氏、武田喜八郎氏、横山昭男氏、斎藤仁氏らのご教示のおかげである。ここに記して感謝の意を表したい。また、史料をご提供くださった多くの方々にも心から感謝したい。

さらに、平成二七（二〇一五）年には、柏書房社長の富澤凡子氏が研究室を訪ねて来られ、本書の執筆を勧められた。氏の慫慂《しょうよう》がなかったならば、本書が世に出ることはなかったかもしれない。最後に本書の編集を担当された小代渉氏にも感謝したい。

平成二八（二〇一六）年三月

松尾剛次

参考文献

単行本・論文・図録（五〇音順）

安部俊治「庄内占領を記す未紹介の最上義光書状について」（『本間美術館だより』五号、一九九九）。

安部俊治「花押に見る最上氏の領主としての性格」（伊藤清郎編『最上氏と出羽の歴史』高志書院、二〇一四）。

安彦好重『新奥羽永慶軍記』（山形市郷土文化研究会、二〇一一）。

有光友學編『戦国期印章・印判状の研究』（岩田書院、二〇〇六）。

粟野俊之「戦国大名最上氏の領国形成と羽州探題職」（『駒沢史学』二八号、一九八一）。

池享・矢田俊文編『増補改訂版 上杉氏年表――為景・謙信・景勝』（高志書院、二〇一三）。

伊藤清郎「最上氏領国と最上三十三観音霊場」（『山形民俗』二一号、二〇〇七）。

伊藤清郎編『最上氏と出羽の歴史』（高志書院、二〇一四）。

市村幸夫「慶長期の山形城下絵図」（『山形市文化振興事業団紀要』一二号、二〇一〇）。

遠藤ゆり子「戦国奥羽における保春院のはたらき――戦国時代の平和維持と女性」（『日本史研究』四八六号、二〇〇三。のちに同著『戦国時代の南奥羽社会』吉川弘文館、二〇一六所収）。

遠藤ゆり子「執事の機能からみた戦国期地域権力――奥州大崎氏における執事氏家氏の事例をめぐって」（『史苑』一六七号、二〇〇一。のちに同著『戦国時代の南奥羽社会』吉川弘文館、二〇一六所収）。

遠藤ゆり子編『伊達氏と戦国争乱』（東北の中世史4、吉川弘文館、二〇一五）。

大沢淳志『井岡寺縁起』（井岡寺、二〇〇九）。

大沢慶尋『青葉城資料展示館研究報告「天正二年最上の乱」の基礎的研究』（二〇〇一）。

大石直正「東北大名の書状と印判状」（網野善彦ほか編『中世日本列島の地域性 考古学と中世史研究6 帝京大学山梨文化財研究所シンポジウム報告集』名著出版、一九九七）。

小野末三「最上源五郎義俊の生涯」（『山形市文化振興事業団紀要』一一号、二〇〇六）。

笠谷和比古『関ヶ原合戦と大坂の陣』（戦争の日本史17、吉川弘文館、二〇〇七）。

笠谷和比古『関ヶ原合戦――家康の戦略と幕藩体制』（講談社学術文庫、二〇〇八）。

片桐繁雄『最上義光』（最上義光歴史館、二〇〇二）。

片桐繁雄「最上義光による山形城拡張改修の年代をめぐって」（『山形市文化振興事業団紀要』一一号、二〇〇六）。

片桐繁雄『最上義光の風景』（山形商工会議所、二〇〇九）。

黒田富善「最上氏時代の寒河江領主について」（阿部酉喜夫先生喜寿記念会編集『西村山の歴史と文化』一九八七）。

公益財団法人福島県文化振興財団『直江兼続と関ヶ原』（戎光祥出版、二〇一四）。

小林清治『伊達政宗』（吉川弘文館、一九五九）。

佐藤憲一『伊達政宗の手紙』（新潮選書、一九九五）。

佐藤憲一「伊達政宗の母・義姫の出奔の時期について――新出の虎哉和尚の手紙から」（『仙台市博物館調査研究報告』一五号、仙台市博物館、一九九五）。

佐藤進一『新版 古文書学入門』（法政大学出版局、一九九七）。

斎藤仁「最上氏時代山形城絵図の再検討」(伊藤清郎編『最上氏と出羽の歴史』高志書院、二〇一四)。

斎藤仙鳳『清水城史』(私家版、一九四〇)。

白峰旬「慶長五年の上杉景勝VS徳川家康・伊達政宗・最上義光攻防戦について――関ヶ原の戦いに関する私戦復活の事例研究(その一)」(『史学論叢』四〇号、二〇一〇)。

鈴木勲「最上義光の印判状」(『羽陽文化』一〇七号、一九七八)。

武田喜八郎『武田喜八郎著作集　巻一　山形県文化史の諸研究』(小松印刷所、二〇〇七)。

武田喜八郎「藤原守春本と新出の『山形城内図』の問題点について」(『山形市文化振興事業団紀要』一四号、二〇一三)。

高橋信敬『最上時代山形城下絵図』(誌趣会、一九七四)。

田中大輔「近世山形城下における宝光院の寺院経営」(『山形大学歴史・地理・人類学論集』一二号、二〇一一)。

藤田恒春『豊臣秀次』(吉川弘文館、二〇一五)。

保角里志『南出羽の戦国を読む』(高志書院、二〇一二)。

誉田慶恩『奥羽の驍将　最上義光』(人物往来社、一九六七)。

松尾剛次「宝光院文書と宝光院文書目録」(『山形大学大学院社会文化システム研究科紀要』四号』、二〇〇七)。

松尾剛次『破戒と男色の仏教史』(平凡社新書、二〇〇八)。

松尾剛次「山形寺町の形成」(山形大学都市地域学研究所編『山形学――山形の魅力再発見』山形大学出版会、二〇一一)。

松尾剛次「最上義光文書の古文書学　判物・印判状・書状」（『山形大学大学院社会文化システム研究科紀要』一一号、二〇一四）。

村川浩平『日本近世武家政権論』（日本図書刊行会、二〇〇〇）。

最上義光歴史館『最上義光連歌集』一～三（最上義光歴史館、二〇〇二～二〇〇四）。

最上義光歴史館『最上家在城諸家中町割図』（最上義光歴史館、二〇〇三）。

最上義光歴史館『重要文化財光明寺本　遊行上人絵』（最上義光歴史館、二〇一三）。

山田浩久「都市開発と景観」（山嵜謹哉・金井年編『新版　暮らしの地理学』古今書院、二〇〇四）。

山室恭子『中世のなかに生まれた近世』（講談社学術文庫、二〇一三）。

山本博文『天下人の一級史料――秀吉文書の真実』（柏書房、二〇〇九）。

吉田歓「最上義光の大工頭小澤若狭と天守閣図面」（伊藤清郎編『最上氏と出羽の歴史』高志書院、二〇一四）。

史（資）料・自治体史など

『大蔵村史』（大蔵村、一九九九）。

『群書類従』雑部、第二九輯（続群書類従刊行会、一九七七）。

『寒河江市史』上巻（寒河江市、一九九四）。

『常念寺史』（常念寺、一九八三）。

『新編庄内人名辞典』（庄内人名辞典刊行会、一九八六）。

『仙台藩史料大成　伊達治家記録２』（宝文堂、一九七三）。

『大日本史料』一二編ノ四七（東京大学史料編纂所、一九七七）。

「伊達日記」（『群書類従』合戦部、第二一輯、続群書類従刊行会、一九七七）。

『鶴岡市史資料編　荘内史料集』古代・中世史料、上・下（鶴岡市、二〇〇二、二〇〇四）。

『言継卿記』第三（続群書類従完成会、一九九八）。

『日本国語大辞典』6（小学館、二〇〇一）。

『東根市史』編集資料8、里見家文書1（東根市、一九八〇）。

『最上記』（『続群書類従』第二二輯上）。
＊『最上記』は、「最上義光物語」、「義光物語」、「出羽太平記」などともいい、最上義光の一代記である。最上家に仕えて七代目という最上家遺臣某が、最上家の改易により武蔵国葛西というところで籠居中にまとめたもの。「群書解題」によれば「続群書類従本」の「最上義光物語」には末尾に「寛永十一年暮秋下旬案之」とあることから、寛永一一（一六三四）年が原本の成立年代と考えられている。筆者については、不詳であるが、山形県立図書館所蔵の「義光物語 全」の奥書では八鍬孫九郎という説を伝える。「最上源五郎様御時代御家中幷寺社方在町分限帳」に「一、百八十石　八鍬長門」とあり、この八鍬長門であろうか。他方、長谷堂の渡辺宗一氏所蔵本では「右最上家譜前部者最上家志村九左衛門之子九兵衛入道休賀斎令述作処之草稿也　松堂所持」とあり、志村休賀斎の草稿とする。筆者については、今後の検討課題である。
『山形県史』第一巻　原始・古代・中世編（山形県、一九八二）。

『山形県史』資料篇15上、古代・中世史料1（山形県、一九七七）。

『山形県史』資料篇15下、古代・中世史料2（山形県、一九七九）。

『山形市史』史料編1、最上氏関係史料（山形市、一九七三）。
『山形市史』上巻、原始・古代・中世編（山形市、一九七三）。
『山形市史』中巻、近世編（山形市、一九七一）。
『横手市史』史料編、古代・中世（横手市、二〇〇六）。

最上義光略年譜

元号（西暦）	年齢	事項
天文一五（一五四六）年	1	最上義守の嫡男として生まれる（正月）。幼名白寿（『光明寺由来記』）／源五郎（『寛政重修諸家譜』）。
永禄三（一五六〇）年	15	一五歳で元服（正月、『光明寺由来記』）。将軍足利義輝より「義」の字を賜り義光と名乗る（『最上家譜』※永禄元年説もある）。従五位下・右京大夫に叙任。
永禄六（一五六三）年	18	中野（山形市北西部）寿昌寺に住む源氏末葉の永浦尼が文殊像を刺繍して、法（宝）光院住職増円に寄付（四月一七日）。最上義守・義光父子が京に上り、将軍義輝に拝謁（六月一四日）。
永禄一三（一五七〇）年	25	正月、義光、最上家の家督を継ぐ。立石寺に言上状を納め、他宗居住排除と威徳院の支配容認を言上す。
元亀三（一五七二）年	27	荻生田弥五郎に土地（妙見寺、飯田）を宛行う（三月一七日）。
天正二（一五七四）年	29	正月から年末までの最上の乱（父義守との戦い）に勝利。
天正一二（一五八四）年	39	谷地城主白鳥十郎長久を滅ぼす（六月七日）。寒河江氏を滅ぼす（六月二八日）。天童頼久を討つ（一〇月一〇日）。
天正一三（一五八五）年	40	鮭延城・庭月城を攻略。この頃、最上川の三難所を整備し、通船の便を図る（『願正御坊縁起』）。
天正一四（一五八六）年	41	山寺立石寺に土地を寄進する。
天正一五（一五八七）年	42	庄内に出陣し、大宝寺義興を討つ（一〇月ヵ）。

天正一六（一五八八）年	43	政宗による大崎義隆攻めに対し、大崎に援軍を送る。最上と伊達の間が戦闘体制となったが、妹義姫の尽力により和睦。閏五月、この頃には羽州探題に任命されている（天正一六年閏五月一一日付け中山光直書状）。本庄繁長と庄内十五里ヶ原で戦い、敗れる（八月）。
天正一八（一五九〇）年	45	父義守死去（五月二七日）。豊臣秀吉の小田原攻めに参陣する（六月）。宇都宮城にて夫人と共に秀吉に拝謁する。領内検地および一揆平定と湯沢城を攻略する。
天正一九（一五九一）年	46	従四位下侍従に叙任される。雄勝郡（秋田）を加増される。
天正二〇（一五九二）年	47	秀吉の朝鮮出兵のため、肥前名護屋に赴くが渡航はせずに済む。山形城築城中。
文禄二（一五九三）年	48	連歌の会を催す（六月）。
文禄三（一五九四）年	49	狩野宗秀筆「遊行上人絵」一〇巻を光明寺に寄進する（七月七日）。
文禄四（一五九五）年	50	関白豊臣秀次が高野山に追放され自刃し、駒姫を含む子女三〇余名が京の三条河原で処刑される（八月二日）。正室大崎殿が急死（八月一六日）。
慶長元（一五九六）年	51	慶長の大地震（七月、義光は家康を警護した）
慶長二（一五九七）年	52	京で著名な文人らと共に連歌の会を催す（八月）。
慶長五（一六〇〇）年	55	連歌の会を催す（正月）。長谷堂城合戦（九月、上杉景勝の重臣直江兼続の軍勢と激突）。義光、庄内へ進出し、大浦城・東禅寺城を陥れる。
慶長六（一六〇一）年	56	田川・櫛引・飽海の庄内三郡を加増される。
慶長七（一六〇二）年	57	由利郡（秋田）を加増され、表高五七万石となる。
慶長八（一六〇三）年	58	嫡男義康が丸岡で暗殺される（八月一六日）。山形常念寺に葬る。
慶長一二（一六〇七）年	62	馬揃えを計画し、結局中止（正月）。新関因幡守に因幡堰の開削を命じる。

慶長一六（一六一一）年	66	従四位上・左近衛権少将に叙任される。北楯大学に北楯堰の開削を命じる。庄内地域の検地を行う。
慶長一七（一六一二）年	67	横折紙にC型印判状を大量に発給（五月、六月）。
慶長一八（一六一三）年	68	病を押して江戸へ上り秀忠に謁見し、その後、駿府に赴き家康に拝謁して最上家を託す。
慶長一九（一六一四）年	69	山形城にて死去（正月一八日）。光禅寺殿玉山白公大居士と号し、光禅寺に葬られる。次男家親が家督を継ぐ。葬儀（二月六日）。家臣四名が殉死する。
元和三（一六一七）年		家親、山形にて死去（三月六日、三六歳）。嫡男家信が家督を継ぐ。
元和八（一六二二）年		最上家改易を命じらる（八月二一日）。
寛永八（一六三一）年		最上家信（義俊）死去（一一月二二日、二六歳）。

最上義光関連文書

No.	年月日	文書名	受取人	典拠・参照	花押形式	印判形式
1	永禄一三（一五七〇）年正月吉日	最上義光言上状	立石寺	立石寺文書・『山形市史』169	A	
2	元亀三（一五七二）年三月一七日	最上義光知行宛行状写	萩生田弥五郎	秋田藩家蔵文書・『山形市史』238	A	
3	天正三（一五七五）一二月一〇日	最上義光書状	有路水主	『山形県史』上338	A	
4	天正五（一五七七）年八月二四日	最上義光書状	白鳥長久ヵ	『武田喜八郎著作集1』248頁、天正4、5年頃とする		B
5	天正六（一五七八）年五月一〇日	最上義光知行宛行状写	里見越後守	『山形県史』上146	?	?
6	天正七（一五七九）年八月二八日	最上義光祈願状	湯殿山ヵ	『山形県史』上258・『山形市史』287	A	
7	天正九（一五八一）年四月一〇日	最上義光書状	和田美作守	安倍文書（『湯沢市史』の口絵）・『山形市史』258		B 1
8	天正九（一五八一）年五月（梅）一六日	最上義光書状写	（砂越）也足軒	『山形県史』上361	A ?	
9	天正九（一五八一）年五月（梅）一九日	最上義光書状写	西野修理亮（道俊）	旧『山形県史』巻一（山形県内務部、1920）636・『山形市史』287		B
10	天正九（一五八一）年八月五日	最上義光知行宛行状	神主（神保）八郎	専称寺文書・『山形市史』162（東大史料編纂所写真帳）		A
11	天正九（一五八一）年九月一二日	最上義光知行宛行状	卯鶴	高橋文書・『山形市史』257		C
12	天正一〇（一五八二）年三月二二日	最上義光書状写	庭月和泉守	『山形県史』上925		B
13	天正一〇（一五八二）年八月七日	最上義光書状	大崎殿（義隆）	『横手市史』史料編古代・中世417、『古川市史』7、154、安部俊治「花押に見る最上氏の領主としての性格」（伊藤清朗編『最上氏と出羽の歴史』）に写真あり。	A	
14	天正一〇（一五八二）年一一月二五日	最上義光書状	下国（愛季）	『山形県史』所収文書・『山形市史』288	A	
15	天正一一（一五八三）年四月一日	最上義光書状写	古口（秋穂飛驒）	『山形県史』上162、『山形市史』212、安部俊治「花押に見る最上氏の領主としての性格」（伊藤清朗編『最上氏と出羽の歴史』）に写真あり。	A	

16	天正一二（一五八四）年二月二一日	最上義光書状	関口能登守	秋田藩家蔵文書・『山形市史』238		B2
17	天正一二（一五八四）年三月四日	最上義光知行宛行状	山家九郎二郎	安倍文書・『山形市史』258		C
18	天正一二（一五八四）年五月一三日	最上義光書状	高森（留守政景）	砂金文書・『山形県史』上528、『仙台市史』1（別冊）	A	
19	天正一二（一五八四）年六月一二日	伊達政宗書状	最上義光	兵庫県立博物館所蔵		
20	天正一二（一五八四）年五月（梅）二七日	最上義光書状	片倉小十郎	片倉文書、『山形県史』上848		B1
21	天正一三（一五八五）年五月二日	最上義光書状	庭月	国会図書館所蔵文書・『山形市史』279、『山形県史』上925		B1
22	天正一三（一五八五）年八月二六日	最上義光知行宛行状	鈴木九郎二郎	鈴木文書・『山形市史』179		B1
23	天正一四（一五八六）年正月一日	最上義光寄進状	立石寺衆徒	立石寺文書・『山形市史』169		B1
24	天正一四（一五八六）年正月七日	最上義光書状	東禅寺筑前守	湯田川大塚甚内氏（現当主・大塚勝夫氏）所蔵、古代・中世史料上巻198、口絵に写真あり、『山形県史』上377		B1
25	天正一四（一五八六）年七月三日	最上義光書状	伊泉大膳亮	『山形市史』161、『山形県史』上444		B1
26	天正一四（一五八六）年八月五日	最上義光書状	伊達（政宗）	伊達家文書・『山形市史』269、『山形県史』上573		B1
27	天正一五（一五八七）年二月二八日	最上義光知行宛行状	境介次郎	岡田文書・『山形市史』182、『河北町の文化財』（河北町教育委員会、２００４）122		C
28	天正一五（一五八七）年五月一一日	最上義光書状	堀江長門守	堀江文書・『山形市史』272、『山形県史』上849、『山形市史』1、430		B1
29	天正一五（一五八七）年六月一四日	最上義光書状	三坂越前守	三坂文書・『山形市史』275		B1
30	天正一五（一五八七）年六月一八日	最上義光書状	三坂越前守	三坂文書・『山形市史』275		B1
31	天正一五（一五八七）年七月二日	最上義光書状	勝間田右馬亮	慈光明院文書		B1
32	天正一五（一五八七）年一〇月二二日	最上義光書状	西野修理亮（道俊）	藤田文書（東大史料影写本）、		B2
33	天正一五（一五八七）年一一月二四日	最上義光書状	西野修理亮	本間美術館文書・『山形市史』199		B2
34	天正一六（一五八八）年正月二四日	最上義光知行宛行状？	—	吉田文書・『山形市史』190		B
35	天正一六（一五八八）年二月一日	最上義光書状	石川長門守（隆重）	石川文書（東大史料）・『山形市史』281		B2
36	天正一六（一五八八）年二月六日	最上義光書状写	庭月和泉守	『山形県史』上163		黒印カ

37	天正一六（一五八八）年二月一二日	最上義光書状写	—	経眼古文書所収文書、『山形県史』上403・404		B
38	天正一六（一五八八）年二月一三日	最上義光書状	沼辺（隆茂）	武田文書・『山形市史』168、『山形県史』上223・224、慈光明院文書		B2
39	天正一六（一五八八）年二月一六日	最上義光書状写	庭月和泉守	『山形県史』上925・『山形市史』289		B
40	天正一六（一五八八）年二月晦日	最上義光書状	岩屋能登守	秋田藩家蔵文書・『山形市史』253、『山形県史』上475		B2
41	天正一六（一五八八）年三月九日	徳川家康書状写	最上義光	『山形県史』下571		
42	天正一六（一五八八）年三月一七日	徳川家康書状写	最上義光	『山形県史』下572		
43	天正一六（一五八八）年三月一七日	徳川家康書状写	最上義光	『山形県史』下572		
44	天正一六（一五八八）年三月二八日	最上義光書状	中山図書助	藤井文書・『山形市史』200（本間美術館）、『山形県史』上407・408		B2
45	天正一六（一五八八）年四月六日	徳川家康書状写	最上義光	『山形県史』下572		
46	天正一六（一五八八）年五月三日	徳川家康書状写	最上義光	『山形県史』下572		
47	天正一六（一五八八）年五月一七日	最上義光書状	小介川治部少輔	『山形県史』上164・『山形市史』289		B2
48	天正一六（一五八八）年七月八日	最上義光書状	東	伊達家文書・『山形市史』265・266		
49	天正一六（一五八八）年七月一八日	最上義光書状	小介川治部大輔	秋田藩家蔵文書・『山形市史』251、『山形県史』所収文書、『山形市史』290		B2
50	天正一六（一五八八）年七月一九日	最上義光書状	戸蒔甲斐守	古文書雑纂1、東大史料影写本、『山形県史』上445		Bカ
51	天正一六（一五八八）年七月二五日	最上義光過所	（末吉平次郎、宛名ハ文書中）	『山形県史』下581、東末吉文書		B2
52	天正一六（一五八八）年八月一三日	最上義光書状写	仁賀保兵庫頭	秋田藩家蔵文書・『山形市史』242		B2カ
53	天正一六（一五八八）年八月二五日	最上義光書状	上下旬長吏	戸川安章氏所蔵・『山形県史』下533		B2
54	天正一六（一五八八）年九月九日	最上義光書状写	葛西（晴信）	『山形県史』上166、『古川市史』7―172		B
55	天正一六（一五八八）年一〇月一一日	最上義光書状	奥山丹波守	秋田藩家蔵文書・『山形市史』250、『山形市史』443、『山形県史』上465		B2
56	天正一六（一五八八）年一〇月一一日	最上義光書状	戸蒔右京亮	戸蒔文書・『山形市史』184・185		B2
57	天正一六（一五八八）年一〇月一一日	最上義光書状	三坂越前守	三坂文書・『山形市史』276		B2
58	天正一六（一五八八）年一一月五日	最上義光書状	鈴木能登守	『山形県史』上223	F	

No.	年月日	文書名	受取人	典拠・参照	花押形式	印判形式
59	天正一六（一五八八）年一一月八日	最上義光書状	三坂越前守	三坂文書・『山形市史』276		B1
60	天正一六（一五八八）年　一八日	最上義光書状	東	伊達家文書・『山形市史』266～269		
61	天正一六（一五八八）年	最上義光書状	東カ	伊達家文書・『山形市史』260		
62	天正一六（一五八八）年	最上義光書状	東（よな沢たけこ）	伊達家文書・『山形市史』262		
63	天正一七（一五八九）年正月一二日	最上義光書状	石川内膳正（昭光カ）	越後古文書集雑文書・『山形県史』上917・918、『新潟県史　資料編4中世2』332		B2
64	天正一七（一五八九）年正月一二日	最上義光書状	玄悦	伊達家文書・『山形市史』269		B2
65	天正一七（一五八九）年二月一二日	最上義光書状	ひかし	伊達家文書・『山形市史』263～265		
66	天正一七（一五八九）年二月二〇日	最上義光安堵状	青木総兵衛（カ）	青木文書・『山形市史』182		C
67	天正一七（一五八九）年三月一日	最上義光書状	ひかし	伊達家文書・『山形市史』262		
68	天正一七（一五八九）年　一三日	最上義光書状	ひかし	伊達家文書・『山形市史』260・261		
69	天正一七（一五八九）年　一七日	最上義光書状	ひかし	伊達家文書・『山形市史』259		
70	天正一八（一五九〇）年二月四日	徳川家康書状写	最上義光	『山形県史』下573		
71	天正一八（一五九〇）年三月二二日	徳川家康書状写	最上義光	『山形県史』下573		
72	天正一八（一五九〇）年四月二七日	最上義光書状	下国	松沢文書・『山形市史』200		B2
73	天正一八（一五九〇）年七月四日	最上義光書状	浅野（長政）	『山形県史』上993、『大日本史料』12—13、581	A	
74	天正一九（一五九一）年五月三日	最上義光書状	—	庄司喜与太（大石田）氏所蔵・『山形県史』169、吉江文書の原本	B	
75	天正一九（一五九一）年七月二八日	相馬義胤書状写	最上義光	『山形県史』上446	?	?
76	天正一九（一五九一）年八月一二日	最上義光書状写	—	秋田藩家蔵文書43—114・『山形市史』249	B	
77	天正一九（一五九一）年九月三日	最上義光書状	—	『庄内古文書影写集』2、『山形県史』上358		A
78	天正二〇（一五九二）年三月二八日	最上義光書状	蔵増大膳亮	立石寺文書・『山形市史』171	B	
79	（天正年間）五（梅）月二七日	最上義光書状	片倉小十郎殿	片倉文書（東大史料）・『山形市史』280、『山形県史』上848		B1
80	（天正年間）七月二九日	最上義光書状	—	『古川市史』7—156、249、鴇田家文書	A	

81	文禄二（一五九三）年五月一八日	最上義光書状	いらこ信濃	伊達家文書・『山形市史』270	D	
82	文禄三（一五九四）年正月二八日	最上義光知行宛行状	光明寺	光明寺文書・『山形市史』161、『山形県史』上211	B	
83	文禄三（一五九四）年五月日	最上義光制札写	光明寺	光明寺由来記・『山形県史』下298	?	?
84	文禄三（一五九四）年七月七日	最上義光寄進文言	光明寺	光明寺所蔵		B2
85	文禄四（一五九五）年一一月一八日	最上義光制札	鳥海・月山両所神？	鳥海・月山両所神社、『山形県史』下296	F	
86	慶長三（一五九八）年八月二日	最上義光掟書	専称寺	専称寺文書・『山形市史』162	C	
87	慶長四（一五九九）年八月二七日	最上義光書状	中山玄蕃、志村伊豆守	常念寺文書・『山形市史』164	C	
88	慶長五（一六〇〇）年四月	最上義光伝馬証	（大行院）	朝日町史編集資料大沼大行院文書7号伝馬印		D
89	慶長五（一六〇〇）年五月七日	最上義光書状写	仁賀保、赤津、滝沢	秋田藩家蔵文書・『山形市史』248	C	
90	慶長五（一六〇〇）年七月七日	徳川家康書状写	最上義光（出羽侍従）	横手市史577、『山形県史』下574		
91	慶長五（一六〇〇）年七月二一日	最上義光書状	小野寺遠江守（義道）	『山形県史』下583、『横手市史』史料編中世補遺2、7頁	C	
92	慶長五（一六〇〇）年七月二三日	徳川家康書状写	最上義光	『山形県史』下575		
93	慶長五（一六〇〇）年七月二九日	徳川家康書状写	最上義光	『山形県史』下575		
94	慶長五（一六〇〇）年八月一三日	南部利直起請文写	最上義光	『山形県史』下576		
95	慶長五（一六〇〇）年八月一八日	最上義光書状写	直江山城守兼続	『山形県史』所収文書、『山形市史』291	?	?
96	慶長五（一六〇〇）年八月二〇日	最上義光起請文	戸沢九郎五郎（政盛）	戸沢文書・『山形市史』184	C	
97	慶長五（一六〇〇）年八月二七日	徳川家康書状写	最上義光	『山形県史』下575		
98	慶長五（一六〇〇）年八月二八日	徳川家康書状写	最上義光	『山形県史』下575		
99	慶長五（一六〇〇）年九月七日	最上義光書状	佐竹久四郎	國學院大學研究室文書・『山形市史』283		B
100	慶長五（一六〇〇）年九月一三日	最上義光書状	—	雞肋編所収文書（巻101）・『山形市史』209	F	
101	慶長五（一六〇〇）年九月二一日	最上義光願文写	—	『山形県史』下522、工藤文書（山形大学博物館所蔵）		
102	慶長五（一六〇〇）年九月二二日	最上義光書状	上野（留守政景）	留守文書・『山形市史』273	C	

No.	年月日	文書名	受取人	典拠・参照	花押形式	印判形式
103	慶長五（一六〇〇）年九月二三日	最上義光書状	上野（留守政景）	「性山公治家記録」所収文書・『山形市史』274、留守文書・『山形県史』上518		
104	慶長五（一六〇〇）年五月七日	最上義光書状	伊上州（留守政景）	留守文書・『山形市史』273・『山形県史』上524		
105	慶長五（一六〇〇）年一〇月三日	最上義光書状	伊上州（留守政景）	留守文書・『山形市史』274・『山形県史』上524		
106	慶長五（一六〇〇）年一〇月八日	最上義光書状	秋藤（秋田実季）	秋田家文書、『山形市史』272、『山形市史』史料編古代・中世595、『山形県史』上1003—1005	C	
107	慶長五（一六〇〇）年一〇月一三日	最上義光書状写	竹貫三河守	『山形県史』下565（会津四家合考所収文書）	?	?
108	慶長五（一六〇〇）年五月七日	最上義光書状	伊上野（留守政景）	留守文書・『山形市史』273	C	
109	慶長五（一六〇〇）年五月七日	徳川家康書状写	最上義光	『山形県史』下575		
110	慶長五（一六〇〇）年五月七日	最上義光書状	伊上州（留守政景）	留守文書・『山形市史』274		
111	慶長五（一六〇〇）年一〇月二二日	最上義光書状	伊上州（留守政景）	留守文書・『山形市史』274	C	
112	慶長五（一六〇〇）年一〇月二四日	徳川家康書状写	最上義光	『山形県史』下576		
113	慶長五（一六〇〇）年一一月八日	最上義光書状	伊達政宗	伊達家文書・『山形市史』182・183、『大日本史料』12—13、581	C	
114	慶長六（一六〇一）年三月二七日	最上義光書状写	田辺内記とのへ	雞肋編所収文書（巻200）・『山形市史』213・石川文書・『山形市史』282	C	
115	慶長六（一六〇一）年三月二七日	最上義光書状写	広川喜右衛門	雞肋編所収文書（巻200）・『山形市史』213	C ?	
116	慶長六（一六〇一）年三月二七日	最上義光書状写	藤田守右衛門	雞肋編所収文書（巻200）・『山形市史』214	C ?	
117	慶長六（一六〇一）年三月二七日	最上義光書状写	佐藤喜兵衛	『山形県史』下400、目の幸所収文書	C	
118	慶長六（一六〇一）年六月二一日	最上義光書状	下勘七郎	鶴岡市立郷土資料館		
119	慶長七（一六〇二）年七月二三日	最上義光知行宛行状	里見薩摩（景佐）	東根市史里見家文書1	C	
120	慶長七（一六〇二）年七月二三日	最上義光知行宛行状	里見薩摩（景佐）	東根市史里見家文書2	C	
121	慶長八（一六〇三）年三月一七日	詠歌額	千手堂	千手堂、『山形市史』313		

122	慶長八（一六〇三）年四月一一日	最上義光知行宛行状	平清水下野	平清水文書・『山形市史』174	A	
123	慶長八（一六〇三）年五月五日	最上義光書状	新関因幡	『山形市史』161		C
124	慶長九（一六〇四）年閏八月二日	最上義光書状	北楯大学利長	最上川土地改良区所蔵	C	
125	慶長一一（一六〇六）年正月三日	最上義光書状	志村伊豆、坂紀伊	東根市史里見家文書3	C	
126	慶長一一（一六〇六）年二月七日	最上義光書状	東根薩摩（景佐）	東根市史里見家文書5	C	
127	慶長一一（一六〇六）年二月七日	最上義光書状	志村伊豆、坂紀伊	東根市史里見家文書4	C	
128	慶長一四（一六〇九）年二月一八日	最上義光感状	平楽寺友衛門	最上義光歴史館の写真	B	
129	慶長一四（一六〇九）年九月一日	本多正信他連署状写	最上義光	『山形県史』上489		
130	慶長一五（一六一〇）年六月二六日	最上義光知行宛行状	平清水下野義行	平清水文書・『山形市史』174	A	
131	慶長一六（一六一一）年五月一日	最上義光書状	北楯大学	北楯利久氏（北舘神社神主）所蔵文書・『山形市史』232	D	
132	慶長一六（一六一一）年五月二二日	最上義光寄進状	常念寺	常念寺文書・『山形市史』165		C
133	慶長一六（一六一一）年六月一〇日	最上義光書状	北館大学・北館兵部少輔	北館文書・『山形市史』234	C	
134	慶長一六（一六一一）年八月五日	最上義光書状写	北館大学	「目の幸」、『山形県史』上269	C	
135	慶長一六（一六一一）年八月一二日	最上義光受取状	つるか岡下ノ山王大夫	日枝神社文書2・鶴岡市立郷土資料館所蔵・『山形県史』上269		C
136	慶長一六（一六一一）年八月一二日	最上義光受取状	きんほうみなみのほう	金峰神社文書・『山形市史』227		C
137	慶長一六（一六一一）年八月一二日	最上義光受取状	市田五左（右カ）衛門	庄内古文書影写集1（SL82―1）、『山形市史』213、『山形県史』上424		C
138	慶長一六（一六一一）年八月一二日	最上義光受取状	とさハきんさへもん	秋田藩家蔵文書45冊37丁、『山形市史』250		C
139	慶長一六（一六一一）年八月一二日	最上義光受取状	なが山わかさ（長山若狭）	秋田藩家蔵文書・『山形市史』251		C
140	慶長一六（一六一一）年八月一二日	最上義光受取状	鶴岡四所宮	「郷社春日神社調書」鶴岡市立郷土資料館ＳＬ２７０６		C
141	慶長一六（一六一一）年一〇月一四日	最上義光書状	小国摂津守	折原文書・『山形市史』176	C	
142	慶長一七（一六一二）年五月九日	最上義光安堵状写	戸沢金左衛門	秋田藩家蔵文書・『山形市史』250		C

No.	年月日	文書名	受取人	典拠・参照	花押形式	印判形式
143	慶長一七（一六一二）年五月九日	最上義光安堵状	高山喜兵衛	鶴岡高山昌久蔵、『山形県史』上271、口絵に写真あり		C
144	慶長一七（一六一二）年五月九日	最上義光安堵状写	長山若狭	秋田藩家蔵文書・『山形市史』251		C
145	慶長一七（一六一二）年五月九日	最上義光安堵状	須佐太郎兵衛	須佐文書、『山形県史』上375		C
146	慶長一七（一六一二）年五月九日	最上義光安堵状	―	本楯大物忌神社所蔵文書		C
147	慶長一七（一六一二）年五月九日	最上義光安堵状写	―	雞肋編所収文書（巻200）・『山形市史』212		C?
148	慶長一七（一六一二）年五月九日	最上義光安堵状	市田五右衛門	雞肋編所収文書（巻200）・『山形市史』213、県史424・425		C
149	慶長一七（一六一二）年五月九日	最上義光安堵状写	和田越中	雞肋編所収文書（巻200）・『山形市史』214		C?
150	慶長一七（一六一二）年五月九日	最上義光安堵状写	和田左衛門	雞肋編所収文書（巻200）・『山形市史』214		C?
151	慶長一七（一六一二）年五月九日	最上義光安堵状	大津藤右衛門	大津文書・『山形市史』203		C
152	慶長一七（一六一二）年五月九日	最上義光書状	北楯大学	北楯文書・『山形市史』233	E	
153	慶長一七（一六一二）年五月一五日	最上義光書状	小国津の守	『山形県史』上376	E?	C
154	慶長一七（一六一二）年五月一五日	最上義光書状	北楯大学	最上川土地改良区所蔵、狩川八幡神社文書・『山形市史』236		C
155	慶長一七（一六一二）年五月一八日	最上義光書状	北楯大学	狩川八幡神社文書・『山形市史』236		C
156	慶長一七（一六一二）年五月一八日	最上義光書状	北楯大学	北楯文書・『山形市史』234		C
157	慶長一七（一六一二）年五月二八日	最上義光書状	大津助丞とのへ	大津文書・『山形市史』204	E?	C
158	慶長一七（一六一二）年六月四日	最上義光寄進状	河北一条八幡大夫衆	一条八幡神社文書、『山形市史』201、享保		C
159	慶長一七（一六一二）年六月四日	最上義光寄進状写	下山添村八幡戸之内	雞肋編所収文書（巻51）・『山形市史』207、享保		C?
160	慶長一七（一六一二）年六月四日	最上義光寄進状写	下山添村八幡大夫	雞肋編所収文書（巻51）・『山形市史』207、享保		C?
161	慶長一七（一六一二）年六月四日	最上義光寄進状	下山添村之八幡役者免	田中淑子所蔵、享保		C

162	慶長一七（一六一二）年六月四日	最上義光寄進状	下山添村八幡的射免	下山添八幡宮所蔵、享保		C
163	慶長一七（一六一二）年六月四日	最上義光寄進状写	下山添村之八幡不動免	享保		C?
164	慶長一七（一六一二）年六月四日	最上義光寄進状写	下山添村之八幡法分	享保		C?
165	慶長一七（一六一二）年六月四日	最上義光寄進状写	櫛引本郷村河内権現掃部	雞肋編所収文書（巻51）・『山形市史』207、享保		C?
166	慶長一七（一六一二）年六月四日	最上義光寄進状写	櫛引本郷村河内権現掃部	享保		C?
167	慶長一七（一六一二）年六月四日	最上義光寄進状写	櫛引本郷村河内権現大夫	享保		C?
168	慶長一七（一六一二）年六月四日	最上義光寄進状写	櫛引本郷村河内権現戸之内	享保		C?
169	慶長一七（一六一二）年六月四日	最上義光寄進状写	庄内河北飛鳥観音寺衆徒	享保、『飽海郡誌　中』巻6、40		C?
170	慶長一七（一六一二）年六月四日	最上義光寄進状	金注連	雞肋編所収文書（巻51）・『山形市史』207、日枝神社文書ＳＬ105、享保		C
171	慶長一七（一六一二）年六月四日	最上義光寄進状写	金峰山学頭坊	雞肋編所収文書（巻51）・『山形市史』207、享保		C?
172	慶長一七（一六一二）年六月四日	最上義光寄進状	庄内鶴岡常念寺	常念寺文書（鶴岡市教育委員会写真）、『山形市史』230、〈雞肋編所収文書（巻51）・『山形市史』208と同じか〉、享保		C
173	慶長一七（一六一二）年六月四日	最上義光寄進状写	高安寺隠居圓用院	雞肋編所収文書（巻51）・『山形市史』208、享保		C
174	慶長一七（一六一二）年六月四日	最上義光寄進状写	高安寺	雞肋編所収文書（巻51）・『山形市史』208、県史368、享保		C
175	慶長一七（一六一二）年六月四日	最上義光寄進状写	庄内鶴岡般若寺侍衣印	雞肋編所収文書（巻51）・『山形市史』208、享保、目の幸一（鶴岡般若寺所蔵）		C
176	慶長一七（一六一二）年六月四日	最上義光寄進状写	藤嶋村法眼寺	雞肋編所収文書（巻123）・『山形市史』211、享保		C?
177	慶長一七（一六一二）年六月四日	最上義光寄進状写	亀崎八幡別当	雞肋編所収文書（巻193）・『山形市史』211、享保		C?

No.	年月日	文書名	受取人	典拠・参照	花押形式	印判形式
178	慶長一七（一六一二）年六月四日	最上義光寄進状	亀ケ崎山王大夫	享保、『飽海郡誌上』巻3—129		C
179	慶長一七（一六一二）年六月四日	最上義光寄進状	庄内河北落臥永泉寺	享保、鶴岡郷土資料館写真		C
180	慶長一七（一六一二）年六月四日	最上義光寄進状	金峰山権現仏供免	金峰山神社文書・『山形市史』227、享保		C
181	慶長一七（一六一二）年六月四日	最上義光寄進状写	金峰山北之坊	享保		C?
182	慶長一七（一六一二）年六月四日	最上義光寄進状写	金峰山南之坊	享保		C?
183	慶長一七（一六一二）年六月四日	最上義光寄進状写	金峰山蔵王坊	享保		C?
184	慶長一七（一六一二）年六月四日	最上義光寄進状写	庄内河北蕨岡鳥海山衆徒中	享保、『飽海郡誌上』巻2—94		C?
185	慶長一七（一六一二）年六月四日	最上義光寄進状	井岡村観音仏供灯明分	井岡寺文書・『山形市史』228、享保		C
186	慶長一七（一六一二）年六月四日	最上義光寄進状	井岡村学頭	井岡寺文書・『山形市史』228、享保		C
187	慶長一七（一六一二）年六月四日	最上義光寄進状	井岡村釈迦院	井岡寺文書・『山形市史』228、享保		C
188	慶長一七（一六一二）年六月四日	最上義光寄進状	井岡村不退坊	井岡寺文書・『山形市史』229、享保		C
189	慶長一七（一六一二）年六月四日	最上義光寄進状	井岡村威徳院	井岡寺文書・『山形市史』229、享保		C
190	慶長一七（一六一二）年六月四日	最上義光寄進状	井岡村大学坊	井岡寺文書・『山形市史』229、享保		C
191	慶長一七（一六一二）年六月四日	最上義光寄進状	井岡村円光坊	井岡寺文書・『山形市史』229、享保		C
192	慶長一七（一六一二）年六月四日	最上義光寄進状	井岡村枝林坊	井岡寺文書・『山形市史』229、享保		C
193	慶長一七（一六一二）年六月四日	最上義光寄進状写	井岡村大夫	井岡寺文書、享保		C
194	慶長一七（一六一二）年六月四日	最上義光寄進状写	井岡村堂聖	井岡寺文書、享保		C
195	慶長一七（一六一二）年六月四日	最上義光寄進状写	井岡村戸内大夫	井岡寺文書、享保		C
196	慶長一七（一六一二）年六月四日	最上義光寄進状写	井岡村御子	井岡寺文書、享保		C
197	慶長一七（一六一二）年六月四日	最上義光寄進状写	井岡村承仕	井岡寺文書、享保		C
198	慶長一七（一六一二）年六月四日	最上義光寄進状	下田河八幡別当	田川八幡神社文書・『山形市史』230、享保		C
199	慶長一七（一六一二）年六月四日	最上義光寄進状	長泉寺	長泉寺文書（『鶴岡市史』上巻187）、『山形県史』上367、享保		C
200	慶長一七（一六一二）年六月四日	最上義光寄進状	高安寺隠居円用院	『山形県史』上368、享保		C

201	慶長一七（一六一二）年六月四日	最上義光寄進状	鶴岡四所之宮四所之大夫	四所宮文書（『鶴岡市史』上巻197）、享保、鶴岡郷土資料館（s12059）にコピーあり。		C
202	慶長一七（一六一二）年六月四日	最上義光寄進状	播磨京田村勝伝寺	斉藤文書・『山形市史』232、『鶴岡の文化財』95頁、勝伝寺文書（鶴岡市教育委員会写真）		C
203	慶長一七（一六一二）年六月四日	最上義光寄進状	狩川村八幡大夫	狩川八幡神社文書、享保		C
204	慶長一七（一六一二）年六月四日	最上義光寄進状	庄内河北朝日山八幡別当	朝日文書・『山形市史』280、県史426、享保、「酒田の文化財」に写真あり		C
205	慶長一七（一六一二）年六月四日	最上義光寄進状	羽黒山執行	玉蔵坊文書2—137（2）、『鶴岡市史』下巻435		C
206	慶長一七（一六一二）年六月四日	最上義光寄進状	羽黒　藤左衛門、次郎左衛門、玄蕃、八郎左衛門	玉蔵坊文書2—140、『鶴岡市史』下巻435		C
207	慶長一七（一六一二）年六月四日	最上義光寄進状	杉尾山修理大夫	杉尾神社文書（馬町菅原泰典所有文書）、享保		C
208	慶長一七（一六一二）年六月四日	最上義光寄進状	杉尾山学頭坊	杉尾神社文書（菅原泰典所有文書）、享保		C
209	慶長一七（一六一二）年六月四日	最上義光寄進状	杉尾山神宮寺	杉尾神社文書（菅原泰典所有文書）、享保		C
210	慶長一七（一六一二）年六月四日	最上義光寄進状	杉尾山八幡大夫	馬町阿部憲五所蔵（鶴岡市教育委員会）、享保		C
211	慶長一七（一六一二）年六月四日	最上義光寄進状写	杉尾山兵部大夫	享保		C？
212	慶長一七（一六一二）年六月四日	最上義光寄進状写	杉尾山渡会大夫	享保		C？
213	慶長一七（一六一二）年六月四日	最上義光寄進状写	杉尾山笛吹大夫	享保		C？
214	慶長一七（一六一二）年六月四日	最上義光寄進状写	杉尾山左近大夫	享保		C？
215	慶長一七（一六一二）年六月四日	最上義光寄進状写	杉尾山式部大夫	享保		C？
216	慶長一七（一六一二）年六月四日	最上義光寄進状写	椙尾山民部大夫	享保		C
217	慶長一七（一六一二）年六月四日	最上義光寄進状	杉尾山こしかき免三郎左衛門	馬町菅原幸志所蔵（鶴岡市教育委員会）、享保		C

No.	年月日	文書名	受取人	典拠・参照	花押形式	印判形式
218	慶長一七（一六一二）年六月四日	最上義光寄進状	杉尾山地蔵院	杉尾神社文書（菅原泰典所有文書）、享保		C
219	慶長一七（一六一二）年六月四日	最上義光寄進状	杉尾山吉祥寺	杉尾神社文書（菅原泰典所有文書）、享保		C
220	慶長一七（一六一二）年六月四日	最上義光寄進状	杉尾山金勝寺	杉尾神社文書（菅原泰典所有文書）、享保		C
221	慶長一七（一六一二）年六月四日	最上義光寄進状	杉尾山金光坊	杉尾神社文書（菅原泰典所有文書）、享保		C
222	慶長一七（一六一二）年六月四日	最上義光寄進状	杉尾山少観寺	杉尾神社文書（菅原泰典所有文書）、享保		C
223	慶長一七（一六一二）年六月四日	最上義光寄進状	杉尾山中里御子	杉尾神社文書（菅原泰典所有文書）、享保		C
224	慶長一七（一六一二）年六月四日	最上義光寄進状	杉尾山伊勢御子	杉尾神社文書（菅原泰典所有文書）、享保		C
225	慶長一七（一六一二）年六月四日	最上義光寄進状	杉尾山大工	杉尾神社文書（菅原泰典所有文書）、享保		C
226	慶長一七（一六一二）年六月四日	最上義光寄進状写	吉祥寺	享保		C?
227	慶長一七（一六一二）年六月四日	最上義光寄進状	鶴岡新山	日枝神社文書3号（鶴岡市立図書館所蔵）、享保		C
228	慶長一七（一六一二）年六月四日	最上義光寄進状写	庄内河北新山最勝寺衆徒	享保		C?
229	慶長一七（一六一二）年六月四日	最上義光寄進状	鶴岡下之山王宮大夫	日枝神社文書1号（鶴岡市立図書館所蔵）、享保		C
230	慶長一七（一六一二）年六月四日	最上義光寄進状写	鶴岡下之山王戸之内	享保		C?
231	慶長一七（一六一二）年六月四日	最上義光寄進状写	鶴岡下之山王五郎左衛門、大炊助	享保		C?
232	慶長一七（一六一二）年六月四日	最上義光寄進状	龍蔵寺	龍蔵寺文書（鶴岡市教育委員会写真）、享保		C
233	慶長一七（一六一二）年六月四日	最上義光寄進状	禅龍寺	禅龍寺文書（鶴岡市教育委員会写真）、享保		C

234	慶長一七（一六一二）年六月四日	最上義光寄進状	勝福寺村和泉山明神大夫	勝福寺文書（鶴岡市教育委員会写真）、享保		C
235	慶長一七（一六一二）年六月四日	最上義光寄進状	極楽寺	極楽寺文書（鶴岡市教育委員会写真）、享保		C
236	慶長一七（一六一二）年六月四日	最上義光寄進状	庄内河北龍沢蔵王別当	遊佐町上野沢御嶽神社所蔵、享保		C
237	慶長一七（一六一二）年六月四日	最上義光寄進状	松根村新山大夫	上畑町佐藤九二男氏所蔵史料写真、享保		C
238	慶長一七（一六一二）年六月四日	最上義光寄進状写	境興屋村白髯明神別当	享保		C?
239	慶長一七（一六一二）年六月四日	最上義光寄進状写	鶴岡天神大夫	享保		C?
240	慶長一七（一六一二）年六月四日	最上義光寄進状写	横山村八幡大夫	享保		C?
241	慶長一七（一六一二）年六月四日	最上義光寄進状写	玉川寺	享保		C
242	慶長一七（一六一二）年六月四日	最上義光寄進状写	上藤島村六所之宮大夫左京	享保		C
243	慶長一七（一六一二）年六月四日	最上義光寄進状写	木倉	享保		C?
244	慶長一七（一六一二）年六月四日	最上義光寄進状写	櫛引荒沢村明神大夫	享保		C?
245	慶長一七（一六一二）年六月四日	最上義光寄進状写	小真木村上之山王宮大夫	享保		C?
246	慶長一七（一六一二）年六月四日	最上義光寄進状写	こまき上之山王戸之内（小真木村上之山王戸内大夫）	享保		C
247	慶長一七（一六一二）年六月四日	最上義光寄進状写	小真木村上之山王但祭之時的立免七郎左衛門	享保		C?
248	慶長一七（一六一二）年六月四日	最上義光寄進状写	田川湯村大日仏供田	享保		C?
249	慶長一七（一六一二）年六月四日	最上義光寄進状写	田川湯村大日灯明田	享保		C?
250	慶長一七（一六一二）年六月四日	最上義光寄進状写	田川湯村大日八講	享保		C?
251	慶長一七（一六一二）年六月四日	最上義光寄進状写	田川湯村大日山長福寺	享保		C?

No.	年月日	文書名	受取人	典拠・参照	花押形式	印判形式
252	慶長一七（一六一二）年六月四日	最上義光寄進状写	田川湯村大日山橋本坊	享保		C?
253	慶長一七（一六一二）年六月四日	最上義光寄進状写	田川湯村大日山大門坊	享保		C?
254	慶長一七（一六一二）年六月四日	最上義光寄進状写	田川湯村大日山知光坊	享保		C?
255	慶長一七（一六一二）年六月四日	最上義光寄進状写	田川湯村大日山西林坊	享保		C?
256	慶長一七（一六一二）年六月四日	最上義光寄進状写	田川湯村大日山妙光坊	享保		C?
257	慶長一七（一六一二）年六月四日	最上義光寄進状写	田川湯村大日治部大夫	享保		C?
258	慶長一七（一六一二）年六月四日	最上義光寄進状写	田川湯村大日兵部大夫	享保		C?
259	慶長一七（一六一二）年六月四日	最上義光寄進状写	田川湯村大日戸内大夫	享保		C?
260	慶長一七（一六一二）年六月四日	最上義光寄進状写	田川湯村大日御子	享保		C?
261	慶長一七（一六一二）年六月四日	最上義光寄進状	田川湯村大日すわ御子	湯田川大井瞳氏所蔵（鶴岡市教育委員会写真）		C
262	慶長一七（一六一二）年六月四日	最上義光寄進状	田川湯村大日すわ大夫	たみや旅館所蔵、今野悦郎（鶴岡市教育委員会写真）、『山形市史』231、享保		C
263	慶長一七（一六一二）年六月四日	最上義光寄進状写	田川湯村大日笛吹大夫	享保		C?
264	慶長一七（一六一二）年六月四日	最上義光寄進状写	田川湯村大日承使	享保		C?
265	慶長一七（一六一二）年六月四日	最上義光寄進状写	田川湯村大日善左衛門	享保		C?
266	慶長一七（一六一二）年六月四日	最上義光寄進状写	高寺山学頭坊	享保		C?
267	慶長一七（一六一二）年六月四日	最上義光寄進状写	高寺山仙蔵坊	享保		C?
268	慶長一七（一六一二）年六月四日	最上義光寄進状写	高寺山東桜坊	享保		C?
269	慶長一七（一六一二）年六月四日	最上義光寄進状写	高寺山泉光坊	享保		C?

270	慶長一七（一六一二）年六月四日	最上義光寄進状写	高寺山千照坊	享保		C？
271	慶長一七（一六一二）年六月四日	最上義光寄進状写	高寺山大光坊	享保		C？
272	慶長一七（一六一二）年六月四日	最上義光寄進状写	高寺山長連坊	享保		C？
273	慶長一七（一六一二）年六月四日	最上義光寄進状写	高寺山円蔵坊	享保		C？
274	慶長一七（一六一二）年六月四日	最上義光寄進状写	高寺山海蔵坊	享保		C？
275	慶長一七（一六一二）年六月四日	最上義光寄進状写	高寺山宝積坊	享保		C？
276	慶長一七（一六一二）年六月四日	最上義光寄進状写	高寺山宝徳坊	享保		C？
277	慶長一七（一六一二）年六月四日	最上義光寄進状写	高寺山永光坊	享保		C？
278	慶長一七（一六一二）年六月四日	最上義光寄進状写	高寺山宝幢坊	享保		C？
279	慶長一七（一六一二）年六月四日	最上義光寄進状写	高寺山実相坊	享保		C？
280	慶長一七（一六一二）年六月四日	最上義光寄進状写	高寺山林蔵坊	享保		C？
281	慶長一七（一六一二）年六月四日	最上義光寄進状写	高寺山眼養坊	享保		C？
282	慶長一七（一六一二）年六月四日	最上義光寄進状写	高寺山藤泉坊	享保		C？
283	慶長一七（一六一二）年六月四日	最上義光寄進状写	高寺山南之坊	享保		C？
284	慶長一七（一六一二）年六月四日	最上義光寄進状写	高寺山若一大夫	享保		C？
285	慶長一七（一六一二）年六月四日	最上義光寄進状写	高寺山薬師大夫	享保		C？
286	慶長一七（一六一二）年六月四日	最上義光寄進状写	高寺山承仕	享保		C？
287	慶長一七（一六一二）年六月一五日	最上義光書状	北館大学（利長）	旧『山形県史 巻1』（山形県内務部、1920）910に図あり・北楯文書、最上川土地改良区所蔵文書に現物あり、『山形市史』235・236の6月20日の文書と同一。市史のミスか		C
288	慶長一七（一六一二）年七月二日	最上義光書状	北館大学	本間美術館文書・『山形市史』199、『山形県史』上269	C	
289	慶長一七（一六一二）年八月五日	最上義光書状	北館大学とのへ	最上川土地改良区所蔵、『山形市史』236・237		C
290	慶長一七（一六一二）年八月一五日	最上義光書状	平清水下野	平清水文書・『山形市史』174	A	
291	慶長一七（一六一二）年八月二〇日	最上義光書状	北楯大学	狩川八幡神社文書・『山形市史』234		C
292	慶長一七（一六一二）年一〇月二七日	最上義光書状	北楯大学	最上川土地改良区所蔵、狩川八幡神社文書・『山形市史』237		C

No.	年月日	文書名	受取人	典拠・参照	花押形式	印判形式
293	慶長一七（一六一二）年一一月一九日	最上義光安堵状	北館大学とのへ	狩川八幡神社文書・『山形市史』237、最上川改良地区所蔵	E?	C
294	慶長一八（一六一三）年三月一三日	徳川秀忠書状写	最上少将（義光）	『山形市史』22		
295	慶長一八（一六一三）年四月二六日	最上義光書状	林光	慈光明院文書・『山形市史』167		C
296	慶長一八（一六一三）年五月二五日	徳川家康書状写	最上少将（義光）	『山形市史』22		
297	慶長一八（一六一三）年七月二五日	最上義光受取状	—	山形大学博物館・『山形市史』166		C
298	（慶長八年以降）三月一八日	最上義光書状	？（稲荷）	曽根文書・『山形市史』168（宝幢寺文書・『山形市史』279）	C	
299	（慶長八年以降）三月一八日	最上義光郡中法度写	慈恩寺宝蔵院	『山形県史』上1001		Cカ
300	（慶長年間）六月二一日	最上義光書状	かか與介	二木文書・『山形市史』196	E	
301	（慶長年間）一一月二一日	最上義光書状	北楯大学	最上川土地改良区所蔵	E?	C
302	正月一日	最上義光書状	野辺沢宮内	光禅寺文書・『山形市史』161	F	
303	正月一一日	最上義光書状	佐藤	室岡正雄氏所蔵文書、『山形県史』上221	F	
304	正月二五日	最上義光書状	大勧進	佐藤勝雄文書・『山形市史』200、酒田市大豊田字星川64－2210		B2
305	二月五日	最上義光書状	岩屋右兵衛	秋田藩家蔵文書・『山形市史』245		C
306	二月五日	最上義光書状写	小野寺十郎	秋田藩家蔵文書・『山形市史』237		B1
307	二月六日	最上義光書状	新田目留守	今井文書・『山形市史』199、『山形県史』上413		B2
308	二月一四日	最上義光書状	宝幢寺	長谷川文書、『山形市史』165		
309	二月二四日	最上義光書状	和田左衛門	雞肋編所収文書（巻200）・『山形市史』214	F	
310	二月二九日	最上義光書状	関田能登守	最上義光歴史館文書（収蔵品図録、1991）40		
311	二月晦日	最上義光書状写	岩屋能登守	秋田藩家蔵文書・『山形市史』253		B2
312	三月一三日	最上義光書状	—	雞肋編所収文書（巻101）・『山形市史』209	?	?

313	三月二九日	豊臣秀吉過所	最上義光（羽柴出羽侍従）	『山形県史』通史編2―35		
314	四月二二日	最上義光書状	―	209 雞肋編所収文書（巻101）・『山形市史』	?	?
315	四月二九日	最上義光書状	専称寺	専称寺文書・『山形市史』162		B 1
316	四月晦日	最上義光書状	義宣	佐竹文書（東大史料）・『山形市史』280		C
317	五月三日	最上義光書状	末吉屋兵衛殿	『山形県史』下581	B	
318	五月四日	徳川家康書状	最上義光	『山形県史』上390		
319	五月二五日	最上義光（伊達綱宗か）書状	鮎貝太郎兵衛	『山形市史』161	?	
320	五月二五日	最上義光書状写	山内膳正	『山形県史』上359	F	
321	六月二日	最上義光書状	―	羽鳥文書・『山形市史』284		B 1
322	六月二日	最上義光書状	安部内記助	慈光明院文書、『山形県史』上223		B 1
323	六月二一日	大崎義隆書状	最上義光	慈恩寺究教院文書、『古川市史』7、155		
324	七月五日	最上義光書状	戸蒔中務少輔	『山形県史』所収文書・『山形市史』288	F	
325	七月一六日	最上義光書状写	大和田近江	秋田藩家蔵文書・『山形市史』247	C	
326	七月二七日	最上義光書状	大日坊	雞肋編所収文書（巻193）・『山形市史』212、『山形県史』上391		C
327	七月晦日	最上義光書状	大日坊	雞肋編所収文書（巻193）・『山形市史』212	E ?	
328	八月一四日	最上義光書状	北楯大学（利長）	荻原満氏所蔵文書、『山形県史』上369	C	
329	八月二二日	最上義光書状	来叶院	来叶院文書・『山形市史』176		
330	九月二九日	最上義光書状	北楯大学利長	最上川土地改良区所蔵文書	C	
331	一〇月一日	最上義光書状	常念寺	常念寺文書・『山形市史』165		
332	一〇月五日	最上義光書状	岩屋右兵衛	秋田藩家蔵文書・『山形市史』242	C	
333	一〇月二五日	最上義光書状	岩谷（屋カ）右兵衛	秋田藩家蔵文書・『山形市史』243	C	
334	一一月二一日	最上義光書状	高橋藤三郎とのへ	高橋文書	C	
335	一二月七日	最上義光書状写	辻所左衛門	秋田藩家蔵文書・『山形市史』250	C	
336	一二月一二日	最上義光書状	専称寺	専称寺文書・『山形市史』163	F	

No.	年月日	文書名	受取人	典拠・参照	花押形式	印判形式
337	一二月二〇日	最上義光書状	和田美作守	秋田藩家蔵文書・『山形市史』237		B2
338	一二月二八日	最上義光書状	赤尾津豊前	秋田藩家蔵文書・『山形市史』239	E?	C
339	年月日未詳	最上義光書状	よな澤たけこ（東）	伊達家文書・『山形市史』261		
340	年月日未詳	最上義光書状	専称寺	専称寺文書・『山形市史』162・163、『山形県史』上213		
341	年月日未詳	最上義光書状	専念寺か	専念寺文書・『山形市史』177		
342	年月日未詳	最上義光書状	宝幢御坊（尊海）	最上義光没後400年記念事業特別記念講演会・シンポジューム資料、最上義光歴史館図録（最上義光歴史館、1995）		
343	年月日未詳	最上義光書状	誓願寺	誓願寺文書・『山形市史』163		

注記

※『山形市史』とは、『山形市史』史料編1、最上氏関係史料（山形市、一九七三）のことで、『山形市史』176とは、同書の176頁のことである。

※『山形県史』上とは、『山形県史』資料篇15上、古代中世史料1（山形県、一九七七）のことで、『山形県史』下とは、『山形県史』資料篇15下、古代・中世史料2（山形県、一九七九）のことである。

※享保とは、「享保最上義光黒印状写」のことである。

【著者略歴】
松尾剛次（まつお・けんじ）
1954年、長崎県に生まれる。
東京大学大学院博士課程を経て、現在、山形大学人文学部教授。
東京大学COE特任教授（2004年度）。日本中世史、日本仏教史専攻。
1994年、東京大学文学博士号を取得。

『勧進と破戒の中世史——中世仏教の実相』（吉川弘文館、1995年）
『中世都市鎌倉を歩く——源頼朝から上杉謙信まで』（中公新書、1997年）
『鎌倉新仏教の成立——入門儀礼と祖師神話』（増補新訂版、吉川弘文館、1998年）
『忍性——慈悲ニ過ギタ』（ミネルヴァ書房、2004年）
『山をおりた親鸞 都をすてた道元——中世の都市と遁世』（法藏館、2009年）
『親鸞再考——僧にあらず、俗にあらず』（日本放送出版協会、2010年）
『知られざる親鸞』（平凡社新書、2012年）
など著書、論文多数。

家康《いえやす》に天下《てんか》を獲《と》らせた男《おとこ》　最上義光《もがみよしあき》

2016年4月10日　第1刷発行

著　者　　松尾剛次

発行者　　富澤凡子
発行所　　柏書房株式会社
東京都文京区本郷2-15-13（〒113-0033）
電話（03）3830-1891［営業］
（03）3830-1894［編集］

装　丁　　鈴木正道（Suzuki Design）
組　版　　有限会社一企画
印　刷　　壮光舎印刷株式会社
製　本　　小髙製本工業株式会社

ISBN978-4-7601-4696-3

柏書房の本

［価格税別］

天下人の一級史料——秀吉文書の真実

山本博文

●四六判上製／２７４頁／２２００円

キリシタン将軍 伊達政宗

大泉光一

●四六判上製／３３６頁／２８００円

家康伝説の嘘

渡邊大門［編］

●四六判並製／３１２頁／１９００円